Naturschutzpark Lüneburger Heide

Manfred Lütkepohl
Jens Tönnießen

Ellert & Richter Verlag

Inhalt

Einführung

Lüneburger Heide – wer denkt da nicht an die Heimatfilm-Romantik der 50er Jahre, an lila Postkarten-Landschaft mit Heidschnucken, Heidehonig, an Hermann Löns … aber die Lüneburger Heide ist viel mehr.
Wenn man ein Buch über diese Landschaft schreiben möchte, stellt sich die Frage, welches Gebiet gemeint ist. Andere Gegenden lassen sich leichter abgrenzen: Harz, Schwarzwald, Erzgebirge – hier gibt es keine Probleme. Die Lüneburger Heide hingegen wurde in der Geschichte immer wieder ganz unterschiedlich fixiert.
Erstmalig wird der Begriff »Lüneburger Heide« im beginnenden 16. Jahrhundert auf einer Landkarte erwähnt; er beschreibt die Region zwischen Celle, Verden, Bremen und Lüneburg. Da es sich um die einzige Landschaftsbezeichnung auf dieser Karte handelt, muß das Gebiet eine gewisse Bedeutung gehabt haben. 150 Jahre später existiert auf einer anderen Karte neben der Lüneburger auch die Soltauer Heide – damit ist das Gebiet also sehr eng begrenzt.
1887 hingegen wurde mit einer geologischen Begründung der Begriff Lüneburger Heide für ein sehr viel größeres Gebiet benutzt: Östlich wurde es von der Elbe bis Magdeburg begrenzt, westlich von der Weser, nördlich von Cuxhaven und südlich von der Aller. Heidelandschaft beschränkte sich in der Geschichte also nicht auf die offenen, lilablühenden, mit Heidekraut bewachsenen Flächen. Heide war ein Begriff für das von allen gemeinsam und – aufgrund der geologischen Gegebenheiten – weiträumig in ähnlicher Weise bewirtschaftete Land. Deshalb hat nicht, wie vielfach angenommen wird, die Pflanze Heide der Landschaft ihren Namen gegeben, sondern das Land der Pflanze.
Die Lüneburger Heide ist eine seit Jahrtausenden bestehende,

durch menschliche Bewirtschaftung entstandene Kulturlandschaft mit offenen Weideflächen, mit Wäldern, Mooren, Bächen, Äckern. Doch die ursprüngliche Landschaft ist nur noch in kleinen Teilbereichen erhalten geblieben – meist haben moderne Landwirtschaft und andere Landnutzungen das Gesicht der Heide stark verändert.
Zu Beginn des 20. Jahrhunderts wurde der Verein Naturschutzpark gegründet, der sich zum Ziel setzte, durch Ankauf große Flächen dieses alten Heidegebietes in ihrem ursprünglichen Landschaftsbild zu erhalten. So kaufte der Verein ab 1910 tausende Hektare in der Gegend rund um den Wilseder Berg auf; 1921 wurde weit vor der Naturschutzgesetzgebung mit einer Polizeiverordnung dieser Teil der Lüneburger Heide unter Schutz gestellt. Deshalb findet sich hier noch am unverfälschtesten die Landschaft, die über Jahrtausende das Bild des gesamten Gebietes prägte. Möchte man also den Naturreichtum des ehemals so großen Heidegebietes kennenlernen, so kann man dies heute am besten im Naturschutzgebiet Lüneburger Heide rund um den Wilseder Berg. Aus diesem Grunde beschränken sich die Autoren in ihrer Darstellung der Lüneburger Heide auf das Naturschutzgebiet, das Geschichte, Struktur und Landschaftsvielfalt der gesamten Region auch heute noch beispielhaft zeigt.
Es ist eines der ältesten, gleichzeitig größten und wohl auch reizvollsten Naturschutzgebiete Deutschlands und gehört mit seinen vielfältigen, zum Teil einmaligen Landschaftsformen und Lebensräumen zu den wichtigsten Schutzgebieten Europas. Seit 1968 besitzt dieses Naturschutzgebiet als erstes in Deutschland das »Europa-Diplom«, verliehen vom Europarat in Straßburg, eine Art Nobelpreis für hervorragend praktizierten Naturschutz.
Das ursprüngliche Bild der Lüneburger Heide wird also keinesfalls allein durch die lilablühende Heide-Pflanze bestimmt; hier finden wir Landschaftsformen, wie wir sie heute in dieser Vielfalt und Schönheit andernorts vergeblich suchen.
Um diese empfindliche Landschaft auch künftigen Generationen (von Pflanzen, Tieren und Menschen!) zu erhalten, sollte der Besucher in der Lüneburger Heide nicht zum störenden Ein-

dringling werden, sondern sich über die notwendigen Rücksichtnahmen gegenüber der Natur informieren. Hierzu soll ihm dieses Buch verhelfen. Es enthält auf aktuellem Kenntnisstand alle wichtigen Informationen zur Landschaftsgeschichte, zur Ökologie und zum Naturschutz. Die Kapitel über die einzelnen Landschaftstypen sind so abgefaßt, daß der Leser viele der beschriebenen naturkundlichen Besonderheiten in der freien Landschaft selbst auffinden kann. Neben allgemein zugänglicher Literatur wurde auch umfangreiches, bisher unveröffentlichtes Archivmaterial ausgewertet. Offene Fragen wurden mit Fachleuten aus Geologie, Biologie und Kulturgeschichte erörtert. Die kurzgefaßten Literaturlisten zu den einzelnen Kapiteln sollen dem interessierten Laien Hinweise auf weiteres Material geben; sie erheben keinen Anspruch auf Vollständigkeit.

Selbstverständlich enthält dieses Buch auch die notwendigen touristischen Informationen wie Hinweise auf Ausstellungen und besondere Sehenswürdigkeiten sowie ausgearbeitete Wandervorschläge, von denen die Autoren hoffen, daß sie dem naturinteressierten Besucher der Heide diese faszinierende Landschaft näherbringen.

Kräfte, die die Landschaft formten – die Geologie des Gebietes

In der jüngeren Geschichte der Erde, im Pleistozän oder Diluvium, wechselten immer wieder kalte und warme Phasen miteinander ab. Die Kaltphasen sind als sogenannte Eiszeiten bekannt. Innerhalb der letzten etwa 300.000 Jahre gab es verschiedene Eisvorstöße, die das norddeutsche Flachland hinsichtlich seiner Geologie und Oberflächenausformung weitgehend gestaltet haben. Mehrfach drangen durch derzeit nur hypothetisch erklärbare Klimaschwankungen große Gletschermassen aus Skandinavien in unser Gebiet vor. Wahrscheinlich reichten hierfür bereits relativ kleine Veränderungen der Sonneneinstrahlung aus: Schon bei einer Absenkung der Durchschnittstemperatur im Himalaya-Gebiet von drei bis vier Grad und einem entsprechenden Gletscherwachstum könnte nach neueren Forschungsergebnissen der Wärmehaushalt der Erde so verändert werden, daß eine Eiszeit mit Gletschervorstößen aus Skandinavien bis in die norddeutsche Tiefebene entstehen könnte. Von den Eiszeiten dieser – nach geologischen Maßstäben – jüngeren Erdgeschichte waren die Elster-Eiszeit (um 300.000 v. Chr.) und die Weichsel-Eiszeit (um 60.000 v. Chr.) sowie besonders die dazwischenliegende Saale-Eiszeit (um 200.000 v. Chr.) bedeutsam für das Gebiet der Lüneburger Heide. Da auch innerhalb dieser »Haupt-Eiszeiten« die Gletscher mal weiter vorstießen, mal wieder zurückwichen, werden noch zusätzliche Unterteilungen in »Stadiale« vorgenommen: So werden zum Beispiel in bezug auf die Saale-Eiszeit noch das (ältere) Drenthe-Stadium sowie das (jüngere) Warthe-Stadium unterschieden.

Die viele hundert, im Bereich der heutigen Ostsee sogar bis etwa dreitausend Meter hohen Eismassen führten Gesteinsbrokken mit sich, die auf dem langen Weg von Schweden und Norwegen unterschiedlich stark zu Kiesen, Sanden oder auch Ton zerrieben wurden und in teilweise mächtigen Schichten als Geschiebe (Gesteinsbrocken), Mergel (kalkhaltige Lehme) oder fluvioglaziale Sande (vereiste, durch fehlenden Vegetationsschutz fließende Erden) abgelagert wurden. Die größten und am wenigsten zerriebenen Felsbrocken sind in der Lüneburger Heide als große Findlinge (im »Steingrund«) oder kleinere Lesesteine vielfach noch zu sehen. Lesesteine waren erst im Untergrund verteilt, wurden dann nach und nach durch die landwirtschaftliche Nutzung an die Oberfläche gepflügt und anschließend zur Erleichterung der Bodenbearbeitung aufgelesen und weggetragen. Deshalb finden sie sich oft an Ackerrändern, wo sie für Insekten, Reptilien und einige Vogelarten, zum Beispiel den Steinschmätzer, einen wertvollen Lebensraum darstellen.

Die Steine der Heide stammen also aus verschiedenen Gebieten Skandinaviens; aufgrund ihrer Zusammensetzung lassen sich ihre Herkunftsgebiete ziemlich genau bestimmen.

Das Eis schob »abgehobelte« Sand- und Gesteinsmassen vor sich her und ließ sie am Ort des weitesten Vorstoßes liegen. Teilweise wurde zusätzlich das im Eis eingeschlossene Material beim Schmelzen abgespült und lagerte sich vor der Eisgrenze ab. Diese Gebiete, die Endmoränen, sind heute noch als Berg- oder Hügelketten deutlich in der Landschaft zu erkennen. Der Weg von Heidetal zum Wilseder Berg führt am Fuß einer solchen Endmoräne entlang (siehe S. 11).

Von besonderem Einfluß auf das Gebiet der Lüneburger Heide war der Warthe-Vorstoß der Saale-Eiszeit (um 120.000 v. Chr.), weil die Endmoränenzüge südwestlich der Elbe gebildet wurden: von den Schwarzen Bergen (152 m) südlich von Harburg über den Wilseder Berg (169 m) bis hin zum Falkenberg (150 m) südlich von Soltau. Der Wilseder Berg selbst bestand schon während des Drenthe-Stadiums, wurde aber im Warthe-Stadium durch den direkt an ihm endenden, ihn halb umschließenden Gletscher noch einmal umgeformt.

Die Findlinge, die durch die Eiszeit in die Lüneburger Heide gelangten, wurden oft für Bauzwecke (Fundamente, Straßen) zerkleinert.

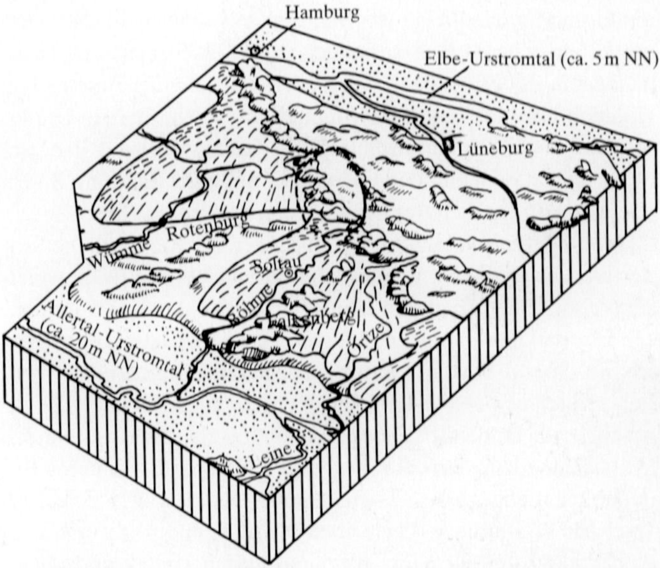

Der umstrichelte Bereich zeigt die ungefähren Grenzen des Naturschutzgebietes; in der Mitte der Wilseder Berg (169 m) in der Haupt-Endmoräne der Warthe-Wilseder Staffel. Zwischen Böhme und Örtze liegt der drenthe-stadiale Falkenberg (150 m), heute im Truppenübungsgebiet Bergen.
Weiße Flächen stellen Grundmoränen dar, die beiden großen gestrichelten Flächen sind Sander (nach Otto 1980, vereinfacht).

Neben den Endmoränen finden sich auch weite, fast ebene Flächen in der Lüneburger Heide. Dabei handelt es sich vielfach um Grundmoränen, also um Material, das unter dem Gletscher mitgeführt wurde, gewissermaßen zwischen Gletscher und vorhandenem Boden zerrieben wurde. Hierzu zählt der Bereich von Undeloh über Wilsede zum Totengrund (warthestadiale Grundmoräne) sowie anschließend in Verlängerung das rund 40 Meter tiefer liegende Gebiet des Forstamtes Sellhorn Richtung Süden (Behringen), wo die Drenthe-Grundmoräne zutage tritt.
Als weitere typisch eiszeitliche Bodenveränderung sind die Sanderflächen zu nennen. Wie auch heute noch bei den Gebirgsgletschern zu sehen, fließt am Gletscherfuß das durch den immensen Eisdruck geschmolzene Wasser aus dem »Gletschertor« heraus. In diesem Wasser werden Bodenteilchen mitgeführt. Ähnlich verhielt es sich bei den Gletschern der Eiszeit. Durch die allmählich abnehmende Fließgeschwindigkeit des austretenden Wassers wurden zuerst die schwereren, später die leichteren Bodenteilchen abgelagert. Es entstanden »Sander« wie zum Beispiel bei Wintermoor. Die feineren Teilchen wurden erheblich weiter geschwemmt, zum Teil auch in den Untergrund eingestrudelt, und sind heute als Ton- oder Lehm-Linsen mit teilweise mehreren Metern Durchmesser an den Bäumen erkennbar, die in solchen nährstoffkräftigeren Böden wurzeln und deshalb besser wachsen als ihre Nachbarn.
Die Gletscher der letzten (Weichsel-) Eiszeit (etwa 60.000 v. Chr.) drangen nur bis in das Gebiet nordöstlich der Elbe vor (Ost-Holsteinisches Hügelland) und schufen durch ihre Schmelzwässer das Elbe-Urstromtal. Aufgrund der Kälteausstrahlung bildete sich vor den Gletschern eine mehr oder weniger vegetationsfreie Zone, die auch das Gebiet der heutigen Lüneburger Heide umfaßte. Diese Zone war der Wind- und Wassererosion besonders stark ausgesetzt; die fruchtbaren Lehmanteile wurden herausgeweht und setzten sich zum Beispiel in der Mecklenburger oder der Hildesheimer Börde wieder ab, wo sie die für die Landwirtschaft noch heute so wertvollen, lehmigen Böden schufen. In den eisfrei gewordenen Gebieten bildete sich

größtenteils schon vor der Entwicklung einer Vegetationsdecke durch die Schmelzwässer ein Relief mit kleineren und größeren Tälern aus. Die warthestadialen Schmelzwässer aus dem Gebiet der heutigen Lüneburger Heide flossen zunächst in das Urstromtal der Aller. Das später entstandene Elbe-Urstromtal liegt tiefer als die Aller, deshalb bildeten sich im Laufe der letzten etwa 20.000 Jahre auch einige nach Norden entwässernde Heideflüsse aus, die nun direkt in die Elbe oder Luhe, Ilmenau oder Seere und damit auch in die Elbe fließen.

Aufgrund des vielfachen Wechsels zwischen lehmigen und sandigen Bodenschichten im Untergrund der Lüneburger Heide findet sich hier häufiger das Phänomen der »Bachschwinden«. Im Südwestteil des Naturschutzgebietes treten diese unterschiedlichen Lehm- und Sandschichten zutage. Dabei fließen die Bäche auf den relativ wasserundurchlässigen lehmigen Schichten, erreichen dann plötzlich eine sandige Schicht und versickern darin, bis sie auf einer unterirdisch liegenden Lehmschicht weiterfließen können. Die Bäche treten wieder zutage, wenn diese Lehmschicht von neuem an die Oberfläche des Geländes tritt.

Nach den Eiszeiten setzten sich in bestimmten Bereichen die Veränderungen der Oberflächenausformung fort. In Mulden mit dichtem Untergrund, in denen sich Regenwasser sammeln konnte, bildeten sich Hochmoore. In den Quellbereichen der Heidebäche entstanden Anmoore und Niedermoore. Das Kapitel über die Moore des Naturschutzgebietes (siehe S. 90) befaßt sich intensiver mit dieser Thematik.

Im Bereich der Bachläufe entwickelten sich durch den Wasserfluß und die damit zusammenhängenden Erosions- und Ablagerungsvorgänge Ansammlungen von Lehm, sogenannte Auelehme. Die Böden, die sich in der Folge ausbildeten, sind sehr nährstoffreich. Natürlicherweise würden sich hier Erlenbruchwälder ausbreiten; durch landwirtschaftliche Eingriffe, also Rodung und Drainage, Bachbegradigungen und Bodenauffüllung, wurden diese Bereiche in der Vergangenheit leider vielfach in Feuchtgrünland umgewandelt (vgl. das Kapitel Quellen, Bäche und Flüsse, S. 100).

Eine erwähnenswerte Besonderheit bei der nacheiszeitlichen Geländeausformung bildet der Totengrund südlich von Wilsede. Dieses für norddeutsche Verhältnisse große und steilwandige Tal kann nicht durch die Erosion des dort entspringenden Sellhornbaches gebildet worden sein. Nach den Ergebnissen intensiver Bodenuntersuchungen geht man heute davon aus, daß dieses Tal durch eine recht zügig rückschreitende Erosion gebildet wurde, zu einer Zeit, als der ganze Untergrund durch schmelzendes Eis wassergesättigt war. Ein ähnliches Phänomen kann man heute im Wattenmeer bei ablaufendem Wasser am Rande der Priele beobachten.

Schema einer Bachschwinde

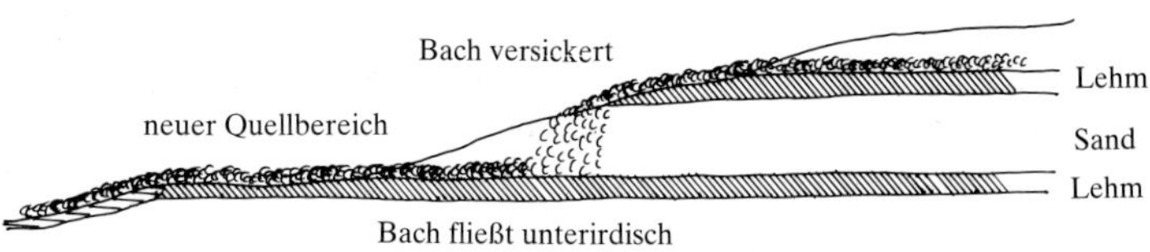

Der Mensch und die Landschaft

Spuren der Menschen aus vor- und frühgeschichtlicher Zeit
Die frühesten menschlichen Spuren in der Lüneburger Heide stammen aus der letzten Phase der Altsteinzeit (ca. 12.000 bis 10.000 v. Chr.). Damals war hier eine Tundravegetation vorhanden, und die wichtigste Nahrungsquelle der Menschen war das Rentier. Ein Sommerlager solcher Rentierjäger der ausgehenden Eiszeit hat man in einem Dünengelände unweit von Wehlen gefunden.

Mittelsteinzeitliche Fundstellen sind im Naturschutzgebiet selten. Einige Siedlungsplätze lagen an Fließgewässern oder in der Umgebung verlandender, sich später zu Mooren entwickelnder Seen, so in der Umgebung des Pietzmoores. In der Jungsteinzeit (4.000 bis 1.700 v. Chr.) gab es bereits eine Bevölkerung von seßhaften Bauern. Besonders eindrucksvolle Hinterlassenschaften dieser Menschen sind die Großsteingräber, von denen in der näheren Umgebung des Naturschutzgebietes schöne Anlagen vorhanden sind, so die »Sieben Steinhäuser« bei Fallingbostel und die »Hünengräber« im Klecker Wald (östlich von Buchholz). Zahlreiche Großsteingräber sind während der vergangenen Jahrhunderte verlorengegangen, weil die Steine für Hausfundamente, Umfassungsmauern und für den Straßenbau verwendet worden sind.

Aus der kulturell hoch entwickelten Periode der Bronzezeit (1.700 bis 800 v. Chr.) sind im Naturschutzgebiet mehrere hundert Hügelgräber erhalten. Einige Hügelgräber sind bereits in der Jungsteinzeit entstanden. Die Tradition der Hügelgrabbestattung setzte sich bis in die ältere Eisenzeit hinein fort. Besondere Häufungen finden sich am Stattberg, bei Undeloh und zwischen Döhle und Egestorf. Grabbeigaben aus fremden Kulturzonen, unter anderem Bronzegegenstände, lassen Rückschlüsse auf Handelsbeziehungen zu. Die für den Bronzeguß notwendigen Metalle (Kupfer und Zinn) kommen im norddeutschen Flachland nicht vor. Bronzegerät wurde vermutlich aus dem Rhein-Main-Gebiet importiert, Goldschmuck kam aus Irland. Zu Beginn der Bronzezeit bestattete man die Toten mit Bekleidung, Waffen, Schmuck und Tongefäßen in Baumsärgen. Später kam Verbrennung der Toten und Urnenbestattung auf.

Während der Älteren Eisenzeit (800 bis Chr. Geburt) begann man auch im Großraum um das heutige Naturschutzgebiet mit der Verhüttung von Eisen. Rohstoff war das Rasen- oder Sumpfeisenerz, das in den feuchten Niederungen um Elbe, Aller und deren Nebenflüsse gewonnen wurde. Konische Öfen aus Lehm dienten der Verhüttung. Sie hatten am Boden einen Durchmesser von bis zu 0,5 Metern und eine Höhe von ca. 1,2 Metern. Ein Gerüst von Weichholzzweigen gab dem Ofen Halt. Die offene Mündung, eine Ofengrube sowie zwei Zuglöcher am Ofenfuß steigerten durch Zugluftzufuhr die Hitzeentwicklung. Dadurch konnte die zur Verhüttung notwendige Temperatur von 1.200 Grad erreicht werden. Das Ofeninnere füllte man schichtweise mit zerkleinertem Roherz und Holzkohle. Das Eisen konzentrierte sich unter der Hitzeeinwirkung zu kleinen Klumpen, der Eisenluppe. Die eisenarme Schlacke floß in die Ofengrube. Um die Eisenluppe zu bergen, mußte der Ofenmantel zerschlagen werden. Die weitere Reinigung der Eisenluppe erfolgte in Ausheizherden. Das Eisen wurde durch stetes Glühen und Hämmern zur gewünschten Form verarbeitet. Innerhalb des Naturschutzgebietes hat man Reste eisenzeitlicher Verhüttungsplätze am Ufer der Haverbeeke gefunden.

Während sich in den vorrömischen Metallzeiten im keltischen Südwestdeutschland Arbeitsteilung entwickelte, blieb im germanischen Norden die rein bäuerliche Lebensform erhalten.

Die Waldrodungen unseres Raumes waren vornehmlich auf leichten Sandböden erfolgt, die sich zwar leicht bearbeiten ließen, aber auch sehr empfindlich waren. So kam es bereits damals zu erheblichen Bodenverarmungen und der Entstehung von Heideflächen. Auch Flugsandverwehungen sind schon aus dieser Frühzeit bekannt.

Aus den Jahrhunderten von der Zeitwende bis zum Mittelalter haben sich keine Spuren menschlicher Kultur im Naturschutzgebiet erhalten. In altsächsischer Zeit verlief die Grenze zwischen Bardengau und Sturmigau im Bereich des heutigen Naturschutzgebietes. Noch heute gibt es im Wümmemoor Grenzsteine, die vermutlich zur Zeit Karls des Großen gesetzt wurden. Bei einer Ringwallanlage zwei Kilometer westlich von Niederhaverbeck, an der deutlich zwei Bauabschnitte mit erheblichem zeitlichen Abstand voneinander auszumachen sind, handelt es sich um ein Bauwerk des frühen Mittelalters oder des Hochmittelalters. Die Wall- und Grabenanlagen sind noch heute gut erkennbar. Die Innenfläche wies ursprünglich ein aus dicken Holzpfosten und Fachwerk errichtetes Gebäude auf. Die Anlage läßt sich vermutlich mit einem in historischer Zeit dort vorbeiführenden Verbindungsweg in Zusammenhang bringen und diente offenbar als Zinssammelstelle.

Die Heidebauernwirtschaft

Die Ursprünge der Heidebauernwirtschaft liegen bereits in der Bronzezeit. Uns interessiert hier allerdings erst die Zeit nach dem Abschluß der Völkerwanderung im 6. Jahrhundert nach Christi. Der norddeutsche Raum war damals Waldland; die bronze- und eisenzeitlichen Heidegebiete waren im Zusammenhang mit dem Bevölkerungsrückgang während der Zeit der Völkerwanderung zusammengeschrumpft und breiteten sich erst später wieder aus.

Im Gebiet der heutigen Lüneburger Heide siedelten sich inzwischen seßhafte Sippen und Stammesverbände an. Zu jener Zeit war privates Eigentum an Grund und Boden noch unbekannt. Die Urbarmachung erfolgte durch gemeinsame Arbeit, das kultivierte Land wurde in Parzellen eingeteilt und in jährlichem Wechsel durch Los an die verschiedenen Familien zur Bestellung und Nutzung vergeben. Die kultivierte Fläche war zunächst nur klein und lag inselartig innerhalb des Gemeinlandes, der Allmende, später auch Mark genannt. In der Umgebung der Ackerflächen wurden vielfach dichte Gehölzstreifen angelegt, die die lockeren, sandigen Geestböden vor Verwehung und Austrocknung durch Wind schützten und Vieh und Wild von der Ackerfläche fernhielten. Es entwickelte sich eine für die ganze nordwestdeutsche Geest typische Ackerbaukultur: Jedes Jahr wurde das Land wieder mit Roggen bebaut, Brache und Fruchtwechsel waren unbekannt. Diese Dauerroggenkultur war auf ständige Nährstoffzufuhr von außen angewiesen. Man sammelte deshalb die Bodenstreu des Waldes und haute darüber hinaus Bodenplaggen, bestehend aus der oberen, humusreichen Bodenschicht und der Bodenvegetation. Diese Düngemittel brachte man, bevor sie im Frühjahr auf das Land kamen, zunächst noch in die Ställe, wo sie sich mit dem Mist des Viehs vermischten. Bei der Heidebauernwirtschaft kam der Viehzucht eine größere Bedeutung zu als dem Ackerbau. Die ortsnahen Waldflächen und die sich mehr und mehr ausbreitenden Calluna-Heideflächen wurden im großen Umfang als Weideflächen mit in Anspruch genommen.

Die Siedlungen wurden meistens am Rande der Bach- und Flußtäler angelegt. Sie befanden sich zwischen den trockenen Böden des Ackerlands und dem feuchten Grünland der Niederung (vergl. im Naturschutzgebiet die Ortslagen von Niederhaverbeck, Wilsede und Wehlen).

Durch die Einführung des römischen Rechts und des Lehnssystems unter karolingischem Einfluß änderten sich die Eigentumsverhältnisse an Grund und Boden. Das Individualeigentum entstand. Es entwickelte sich ein Sondereigentum der den Boden bewirtschaftenden Menschen an der Hofstelle sowie an dem Acker- und Grünland oder Teilen davon. Die meisten nicht beackerten Flächen, die der Streu- und Plaggennutzung sowie der Viehweide dienten, blieben zunächst weiterhin Gemeinschaftseigentum. Durch das Lehnssystem kam es zur Gebietshoheit von Grundherren und zu einem abhängigen Bauerntum. Die Bauern behielten in der Regel auch jetzt das Nutzungsrecht an ihrem bisherigen Wirtschaftsland, das nun jedoch Eigentum eines Grundherren war, an den Abgaben geleistet werden mußten. Die Grundherren eigneten sich später vielfach auch die Allmende

Arbeiter beim Plaggenhieb – das Abplaggen von Heideflächen war eine äußerst mühsame und zeitaufwendige Handarbeit.

an, Nutzungsrechte daran verblieben jedoch bei den Bauern. Innerhalb der Allmende sorgten die Vernichtung des Jungwuchses durch Viehverbiß, ständige Humusentnahme zur Ackerdüngung und Holzentnahme für Bau- und Brennzwecke für einen fortschreitenden Rückgang des Waldes.

Nennenswerte Waldreste blieben schließlich nur noch in Gestalt der königlichen Bannforsten zurück, die vor den Zugriffen der ländlichen Bevölkerung weitgehend geschützt waren. Ehemalige Bannforste im Bereich des Naturschutzgebiets sind zum Beispiel das Ober- und Niederhaverbecker Holz, das Heimbucher Holz und der Westernhoop. Die Bauern pflanzten Bäume für ihren eigenen Holzbedarf direkt bei ihren Höfen. Deshalb liegen die Einzelhöfe und Dörfer der Heide in Hainen aus Buchen und Eichen. Die Bäume gaben den Höfen Windschutz und schufen ein angenehmes Kleinklima. Sie lieferten Bauholz, das nicht erst über weite Strecken herantransportiert werden mußte. Die Eicheln und Bucheckern waren im Herbst Mastfutter für das Vieh. Wo der Wald verschwand, entstanden Heidegebiete, die immer größere Flächen einnahmen. Um Dünger für die Äcker zu gewinnen, wurden in der Heide Plaggen gehauen. Wieviel Heidefläche für die zu düngende Ackerfläche benötigt wurde, läßt sich nicht genau sagen und war sowohl regional als auch innerhalb der verschiedenen Phasen der Heidebauernwirtschaft unterschiedlich. Es finden sich Angaben, daß jährlich für die zu düngende Ackerfläche bis zum Doppelten an Heidefläche abgeplaggt wurde. Als durchschnittliche Zeiträume für die Regeneration der Heide werden zehn Jahre, von manchen Autoren aber auch 24 bis 40 Jahre genannt. Es mußte für die Düngung der Ackerfläche also wohl mindestens das 20fache an Heidefläche zur Verfügung stehen.

Die Beschaffung der großen Mengen von Heideplaggen war äußerst arbeitsaufwendig. Etwa die Hälfte der männlichen Arbeitskräfte eines Heidehofes mußte dafür eingesetzt werden. Zur Gewinnung von Heidestreu wurde Heide auch gemäht. Überalterte Heide verjüngte man durch Abbrennen.

In der Lüneburger Heide hat sich in der späteren Phase der Heidebauernwirtschaft die Unterbrechung des Roggenanbaus durch eine Zwischennutzung als Grünland durchgesetzt. Schließlich kamen auch gewisse Fruchtfolgen auf. Seit Mitte des 17. Jahrhunderts herrschte die sogenannte »Dreeschwirtschaft« vor. Sie umfaßte einen Zyklus von sieben Jahren. Drei Jahre hintereinander wurde Roggen angebaut, im vierten Jahr folgte Hafer, im fünften und sechsten Jahr lag das Land brach, in der »Dreesch«; das siebte Jahr brachte die Einsaat von Buchweizen.

Neben der Düngergewinnung diente die Heide der Schafhaltung und der Imkerei. Gerade die Imkerei trug in nicht unerheblichem Maße zu einem gewissen Wohlstand der Heidehöfe bei. Honig und Bienenwachs waren vor der Einführung von Rübenzucker und synthetischen Wachsen außerordentlich begehrte Produkte. August von Berlepsch nannte die Heideimker »die handgewandtesten Imker der Welt, die ohne Widerrede den meisten Honig Deutschlands ernten«. Ein durchschnittlicher Heidehof überwinterte mindestens 60 Bienenvölker, die sich bis zur Heideblüte im Spätsommer auf das Vierfache vermehrt hatten.

Im Laufe der Jahrhunderte ließ die Regenerationskraft der Heide immer mehr nach. Durch Übernutzung wurde schließlich selbst die anspruchslose Calluna-Heidegesellschaft zerstört. In der Folge entstanden nun vielfach Wehsande, die wandernde Dünen bildeten. Im Naturschutzgebiet waren noch Mitte des vorigen Jahrhunderts mit dem Heimbucher Sand und dem Einemer Sand zwei Wehsandgebiete vorhanden, die jeweils mehrere hundert Hektar Fläche einnahmen. Im Bereich dieser ehemaligen Wehsande finden sich noch heute Florenelemente, die zu den Pionierpflanzen von Dünengebieten gehören, so zum Beispiel der Strandhafer.

Auf Durchreisende machte die Heidelandschaft in früherer Zeit einen überaus trostlosen Eindruck. So heißt es in Küttners Reisebeschreibungen von 1797 (Leipzig 1804): »Ich war gewiß nicht vorbereitet, eine schöne Natur zu finden, aber ich dachte nicht, daß das Land gar so elend wäre. Mich dünkt, es ist der schlechteste Strich von einem solchen Umfange, der mir jemals vorgekommen. Der Boden dieses Geländes ist eine ungeheure

Schnuckenherde bei Wilsede – immer in Bewegung, immer hungrig.

Sandwüste, die von Natur entweder ganz nackt ist oder Heidekraut oder dürre, stechende Halme hervorbringt.«
Verstärkt wurde dieser Eindruck durch die Beschaffenheit der Wege. Sie waren unbefestigt, und war eine Fahrspur zu tief ausgefahren, so legte man daneben einfach eine neue an. So zerfurchten die Wege oftmals auf mehr als 100 Meter Breite die Landschaft. Spuren eines solchen alten Reise- und Handelsweges haben sich im Naturschutzgebiet am Pastor-Bode-Weg zwischen Wilsede und dem Radenbach sowie südwestlich von Wilsede gut erhalten.
Das Verschwinden des Waldes und die Entstehung der Heidelandschaft im Gebiet des heutigen Naturschutzparks ist einzig Folge der bäuerlichen Wirtschaftsweise. Abholzungen für die Saline in Lüneburg haben hier nicht stattgefunden. Wegen der Schwierigkeiten, größere Holzmengen über Land zu transportieren, war die Saline in Lüneburg für die Deckung ihres Bedarfs auf Wälder in der Nähe von Flußläufen angewiesen, deren Holz über den Wasserweg herangeschafft werden konnte.
Zu Beginn des vorigen Jahrhunderts steuerte die Heidebauernwirtschaft vielfach einem Endpunkt entgegen. Der Geograph Gerd Völksen schreibt darüber: »Insgesamt läßt sich die Heidewirtschaft als eine sehr extensive Form der Bodennutzung charakterisieren, die mit einer unverhältnismäßig hohen Arbeitsintensität verbunden war. Mit relativ geringem Erfolg führte man einer kleinen Fläche Nährstoffe zu, die man dem bei weitem größten Teil der Landschaft mit ständig wachsender Mühe entzog, ihn dabei langsam aber sicher in eine Wüste verwandelnd. Dieses Bewirtschaftungssystem mußte umso unhaltbarer werden, je mehr es angespannt wurde. Ab etwa 1800 waren die Voraussetzungen für eine lohnende Landwirtschaft in der Lüneburger Heide kaum noch gegeben. Die Bevölkerung verarmte immer mehr, und es kam zu verstärkten Auswanderungen nach Amerika …«
Im vorigen Jahrhundert kam es zu einem Umbruch innerhalb der landwirtschaftlichen Verhältnisse der Lüneburger Heide, für den neben den ökonomischen Gegebenheiten Änderungen der ge-

sellschaftspolitischen und rechtlichen Voraussetzungen sowie Fortschritte in der Technik der Bodenbewirtschaftung eine bedeutende Rolle spielten. Die gesellschaftspolitische Umgestaltung unter Einfluß liberalistischen Gedankengutes hatte zu einer Auflösung des Lehnssystems und einem Rückgang der Macht der Feudalherren geführt. Diese Umgestaltung brachte umfassende, überwiegend in der Mitte des vorigen Jahrhunderts durchgeführte Bodenreformen mit sich. Die schon lange vorher bestehende Forderung der ländlichen Bevölkerung nach Befreiung ihres Grundbesitzes vom grundherrschaftlichen Obereigentum wurde erfüllt. Gleichzeitig kam es zur Auflösung der bisher gemeinschaftlich genutzten Allmende. Der ehemalige Gemeinbesitz wurde als Individualeigentum zwischen den einzelnen Bauern, den bisherigen Grundherren und dem Staat aufgeteilt. Diese als »Gemeinheitsteilung« und »Verkoppelung« in die Geschichte eingegangenen Bodenreformen waren 1870 weitgehend abgeschlossen. Das ehemalige Allmendeland konnte von seinen neuen Eigentümern durch verbesserte Landbautechnik teilweise in Äcker umgewandelt werden. Einführung des Mineraldüngers, verbesserte Sortenwahl, Ausweitung des Kartoffelanbaus und kulturtechnische Neuerungen waren Fortschritte, die es ermöglichten, die natürlichen Nachteile der leichten Sandböden mehr und mehr zu kompensieren.

Eine beträchtliche Intensivierung erfolgte auch im Bereich der Rinderhaltung. Um Weideflächen zu schaffen, wurden moorige Niederungen und versumpfte Talzüge entwässert und in Grünland umgewandelt. Für die Landwirtschaft weniger geeignete Flächen forstete man großflächig auf.

Mit der Kultivierung der Heideflächen ging die Heidschnuckenhaltung mehr und mehr zurück. Die Einfuhr überseeischer Wolle, die wegen ihrer größeren Feinheit und Weichheit zu einem Preisverfall bei der Heidschnuckenwolle führte, beschleunigte diese Entwicklung. Die Heidelandschaft, die seit der Bronzezeit vorhanden gewesen war und während mehrerer Jahrhunderte sehr weite Teile des nordwestlichen Mitteleuropa eingenommen hatte, verschwand nun innerhalb weniger Jahrzehnte.

Die empfindlichen Bienenkörbe, die aus Stroh und Wurzelholz geflochten und mit Kuhmist überzogen sind, werden im Schutz von Bienenzäunen aufgestellt.

Die Entwicklung des Naturschutzes

Während Reisende früherer Zeiten die Heide zumeist als trostlos und öde beschrieben hatten, wurde seit dem vorigen Jahrhundert von Dichtern und Malern auch der eigenartige Reiz dieser Landschaft empfunden. Besonders bekannt wurde das Gedicht »Abseits« von Theodor Storm:

Es ist so still; die Heide liegt
im warmen Mittagssonnenstrahle,
ein rosenroter Schimmer fliegt
um ihre alten Gräbermale;
die Kräuter blühn; der Heideduft
steigt in die blaue Sommerluft.

Laufkäfer hasten durchs Gesträuch
in ihren goldnen Panzerröckchen,
die Bienen hängen Zweig für Zweig
sich an der Edelheide Glöckchen,
die Vögel schwirren aus dem Kraut –
Die Luft ist voller Lerchenlaut.

Ein halbverfallen niedrig Haus
steht einsam hier und sonnbeschienen;
der Kätner lehnt zur Tür hinaus,
behaglich blinzelnd nach den Bienen;
sein Junge auf dem Stein davor
schnitzt Pfeifen sich aus Kälberrohr.

Kaum zittert durch die Mittagsruh
ein Schlag der Dorfuhr, der entfernten;
dem Alten fällt die Wimper zu,
er träumt von seinen Honigernten.
– Kein Klang der aufgeregten Zeit
drang noch in diese Einsamkeit.

Die Teilnehmer der ersten Jahreshauptversammlung des Vereins Naturschutzpark, Stuttgart 1910. Damals wurde beschlossen, den geplanten Tieflandpark im Bereich des Wilseder Berges anzulegen. In der oberen Reihe: »Heidepastor« Wilhelm Bode (7. v.l.), Landrat Fritz Ecker (5. v.r.), Dr. Kurt Floericke (8.v.r.), Hofrat Walter Keller (10.v.r.).

Christian Morgenstern, der Großvater des gleichnamigen Dichters, malte die ersten Heidebilder. In der Augsburger Allgemeinen Zeitung von 1867 heißt es darüber: »... so brachte er damals eine Landschaft mit, die aus der Lüneburger Heide genommen war. Hatten wir uns gewöhnt, uns unter diesem geographischen Namen ein Stückchen Erde vorzustellen, so trostlos, öde und schauerlich, daß wir es für unmenschlich gehalten haben würden, dort eine Verbrecherkolonie anzulegen, so überraschte uns dieses Bild mit seiner bei aller Einfachheit glänzenden und harmonischen Farbenpracht, der Mannigfaltigkeit der in der weiten Ebene sich kreuzenden und in die Ferne lockenden Linien und vor allen Dingen mit der von reizenden Wolkenbildungen belebten Atmosphäre derart, daß vielen von uns ein bis dahin unbeachteter Reichtum von Naturschönheit aufgeschlossen wurde. ... Wo Tausende teilnahmslos vorübergingen, da sah er eine Fülle von Schönheit, und gerade die anspruchslosesten Stellen der Landschaft schlossen ihm entzückende Reize auf.«

Weitere bekannte Heidemaler waren Hermann Kaufmann, Valentin Ruths und Eugen Bracht. Von den Heidedichtern wurde Hermann Löns, dessen Werk erst zu Beginn des 20. Jahrhunderts entstand, besonders populär. Seiner wird in der Heide noch heute durch zahlreiche Löns-Wege und Löns-Steine gedacht. Er hat neben Schilderungen von Landschaften und Tierleben auch bedeutende naturkundliche Arbeiten veröffentlicht. In seinen Romanen und seiner Lyrik artikulierte er nationalistische Parolen und besingt den »schönen Soldatentod«. Entsprechend wurden diese Teile seines Werkes im Dritten Reich gewürdigt, rufen heute jedoch Mißfallen hervor.

Die Heidemaler und Heidedichter trugen sehr wesentlich dazu bei, daß die Heidelandschaft im Bewußtsein der Bevölkerung neu bewertet wurde. Seit Beginn unseres Jahrhunderts wurde die Heide um den Wilseder Berg zu einem bevorzugten Ausflugs- und Wandergebiet. An einem Septembertag des Jahres 1906 wurden allein in Hamburg 14.000 Fahrkarten für die Stationen in der Heide ausgegeben.

Jetzt begann auch der Ausverkauf der Heidelandschaft. Reiche

Städter kauften ganze Höfe und bauten dort ihre Landhäuser. Die Häuser Eickhof und Heidetal bei Niederhaverbeck sind Beispiele für Gründungen aus jener Zeit. Am Wilseder Berg wurde ein Ausschank errichtet; um den Totengrund bemühte sich eine Kapitalgesellschaft, die dort Wochenendhäuser bauen wollte.
Der Heimatschützer Pastor Wilhelm Bode aus Egestorf kämpfte erbittert gegen diese Entwicklung an. Er erlebte, wie seine Umgebung mehr und mehr von dem verlor, was er mit dem Begriff »Heimat« verband. So schreibt er in einem seiner Aufsätze: »Westwärts von Undeloh, droben auf der Höhe, dort wo eine langgestreckte Hügelkette die Wasserscheide zwischen Seeve und Aue bildet, stand bis über die Mitte des vorigen Jahrhunderts hinaus eine Buche, das ›Zepter von Meningen‹. In den Kreisen Winsen, Soltau und Harburg dürfte der Baum kaum seinesgleichen gehabt haben, mehr als 18 Faden Scheitholz steckten darin. Von der Landstraße Lüneburg-Amelinghausen im Osten bis zu dem Napoleonischen Heerwege, der von Harburg nach Soltau führt, war er sichtbar, eine Landmarke im wahrsten Sinne des Wortes. Weshalb fällte man den völlig gesunden Stamm? Das Grundstück, auf dem er stand, geriet in die Hände eines jugendlichen Besitzers. Dem deuchte ein lustiger Abend besser als dies großartige Naturdenkmal, das die Geschicke des väterlichen Hofes seit Jahrhunderten geschaut hatte. Um zwei Taler verkaufte er ihn.«
1906 gelang es Pastor Bode mit Hilfe einer Spende des Professors Andreas Thomsen aus Münster, den Totengrund durch Vorkauf für den Naturschutz zu sichern. Er regte den Lehrer Bernhard Dageförde an, das geplante Heidemuseum in Wilsede zu errichten. Das sehr modern konzipierte Museum war das erste Dorfmuseum Niedersachsens. Wie sich das zugrundeliegende Konzept bewährt hat, zeigen die auch heute noch sehr hohen Besucherzahlen des Museums – jährlich etwa 100.000 Personen.
Spendenmittel für Naturschutzzwecke konnte Pastor Bode in den Folgejahren jedoch nicht mehr einwerben. Sein Anliegen schien aussichtslos. Da wurde 1909 in München der Verein Naturschutzpark gegründet. Aus der Begeisterung für die in den

USA und in anderen Ländern damals bereits bestehenden Nationalparks wollte der Verein hierzulande Ähnliches schaffen. Dabei war den Vereinsmitgliedern klar, daß es in Mitteleuropa die weiten, unberührten Flächen wie in den USA nicht mehr gab, die Parks mußten daher naturnahe Kulturlandschaften miteinbeziehen. Sie heißen darum auch nicht Nationalparks, sondern Naturschutzparks.

Kurt Floericke, der Gründer des Vereins Naturschutzpark, trat aus Achtung vor der Einheit des Lebendigen für die Bewahrung der Natur mit allen ihren Geschöpfen ein. In einer programmatischen Schrift zur Gründung des Vereins heißt es:

»Auch in Deutschland beginnt eine andere Auffassung des Naturschutzes sich durchzusetzen. Vorgeschrittene Geister haben das Nützlichkeitsprinzip als völlig ungenügend verworfen. Wir wollen zum Beispiel einen Vogel nicht deshalb schützen, weil er vielleicht schädliche Insekten vertilgt, sondern wir wollen den Vogel schützen, um des Vogels selbst willen, weil er in seiner Art ein herrliches Geschöpf ist, ein Dichtergedanke gewissermaßen der schaffenden Natur, weil ohne die anmutigen Bewegungen, die bunten Farben und die lieblichen Gesänge unserer Vögel unsere Wälder und Fluren unendlich öde, tot, und traurig erscheinen würden. Und ist es nicht ein unsäglich kleinlicher Standpunkt, beim Anblick des im blauen Äther … schwebenden Adlers gleich an den Junghasen oder das Rebhuhn zu denken, das er vielleicht im Magen haben könnte, statt sich rückhaltlos an dem ästhetischen Hochgenuß dieser herrlich poetischen Erscheinung zu erfreuen? Deshalb trachtet die moderne Naturschutzbewegung, alle Geschöpfe nach Möglichkeit zu erhalten. … Und wie mit den Tieren, so verhält es sich mit den Pflanzen … Alles bildet ja ein zusammengehöriges, unauflösliches Ganzes, und eben dieses Ganze wollen wir erhalten … Die neueste Richtung der Naturschutzbewegung geht deshalb darauf hinaus, Naturreservate zu schaffen.«

Das damalige Emblem des Vereins zeigt einen Ritter, der seinen Schild schützend über Landschaft, Tiere und Pflanzen hält, eine Anspielung auf den Grals-Mythos. Die Ritter des Grals wurden ausgesandt, um den Bedrängten und Schwachen zu helfen. Die Tier- und Naturschutzbewegung zu Beginn unseres Jahrhunderts bezog das Bild des Gralsrittertums auch auf die Unterstützung der notleidenden Kreatur.

Die Naturschutzparkbewegung war keineswegs eine isolierte Erscheinung, sondern Bestandteil einer breiten, vielfältigen Naturschutz- und Ökologiebewegung zu Beginn unseres Jahrhunderts. Das Verhältnis des Menschen zu der ihn umgebenden Natur, zur Gesellschaft und zu seiner inneren Natur wurde neu hinterfragt, besonders konsequent in den an verschiedenen Orten entstehenden Siedlungsprojekten, wo völlig neue Lebensentwürfe erprobt wurden. Besonders bekannt wurde das Siedlungsprojekt auf dem Monte Verita bei Ascona, wo Persönlichkeiten wie Hermann Hesse, Thomas Mann und Erich Mühsam verkehrten. Wanderbewegungen, die jetzt im großen Umfang entstanden, wollten dem in seinem Alltag der Natur entfremdeten Menschen wenigstens während der Freizeit dieses Erlebnis wieder näherbringen.

Auch der Beginn des Seevogelschutzes reicht in diese Zeit zurück. So wurden zum Beispiel die Vogelinseln Memmert und Mellum bereits im ersten Jahrzehnt unseres Jahrhunderts unter Schutz gestellt.

Pastor Bode und der ebenfalls für den Naturschutz engagierte Winsener Landrat Fritz Ecker nahmen sogleich Kontakt mit dem Verein auf und lenkten sein Interesse für einen Park im norddeutschen Tiefland auf die Landschaft um den Wilseder Berg. Bereits 1910 begann der Verein hier mit Ankäufen. Der Verein Naturschutzpark (VNP) fand vielseitige Zustimmung und wurde schon bald von höchsten politischen Kreisen gefördert. Landrat Ecker hatte die Anliegen des Vereins dem preußischen Abgeordnetenhaus und auch in einem persönlichen Gespräch dem damaligen deutschen Kaiser Wilhelm II. vorgetragen. Wilhelm II. spendete 50.000 Mark aus seinem privaten Vermögen und gab dem Verein die Erlaubnis, zwei Lotterien auszurichten, die 1,5 Millionen Mark einbrachten. Deshalb sollte der Naturschutzpark den Namen »Kaiser-Wilhelm-Heide« erhalten. Dieser Plan

Totengrund, Keimzelle des Naturschutzgebietes. Der diagonal verlaufende Wall markiert eine Grenze, die während der Gemeinheitsteilung und Verkoppelung gezogen wurde.

wurde glücklicherweise wieder fallengelassen. Schon 1911 konnten die Grenzen des Naturschutzparks Lüneburger Heide in Absprache mit den Behörden festgelegt werden, und 1921 wurde die erste Naturschutzverordnung erlassen. Das Ankaufswerk des Vereins schritt zügig voran. Bereits 1914 hatte der VNP 3.625 ha Land erworben. Der Staat brachte 7.500 ha Staats- und Klosterforsten ein.

Dem Verein Naturschutzpark war nicht nur am Erhalt der Heide gelegen. Durch die Einbeziehung von umfangreichen Wäldern, Bruch- und Moorgelände, Quellen, Bach- und Flußläufen sollte der Naturschutzpark ein annähernd geschlossenes Bild der Flora und Fauna nordwestdeutscher Geestlandschaft repräsentieren. Die touristische Nutzung sollte dem Naturschutz eindeutig untergeordnet sein. Besucher wollte man nur unter Führung in das Gebiet hineinlassen. Wichtig war dem Verein die wissenschaftliche Forschung. So entstand zum Beispiel bereits 1912 eine sehr fundierte Untersuchung über die Vogelwelt des Naturschutzparks.

Zu den Verbündeten des Vereins Naturschutzpark gehörten bald auch die mitgliederstarken damaligen Wanderbewegungen. Ihnen ging es in erster Linie darum, die Landschaft des Parks vor der Privatisierung zu schützen. Sie führten allerdings auch viele Menschen in das Gebiet, und so mußte bereits Anfang der 20er Jahre ein Informations- und Ordnungsdienst eingerichtet werden, der sich »Heidewacht« nannte. Über das Selbstverständnis dieser Heidewacht gibt nachfolgendes Zitat Auskunft:

»Wir alle sind ausnahmslos stille, erfahrene, bejahrte Heimatfreunde und Wanderer. Mit Grauen sehen wir auf unseren Wanderfahrten zu jeder Jahreszeit, wie unsere engere Heimat mehr und mehr verwüstet und entstellt wird. Auch im Naturschutzpark waren Anzeichen bemerkbar, die Gefahr für dieses köstliche Stückchen Erde bedeuteten. So sind wir denn hinausgezogen, einen ganzen Sommer lang, überall zu schauen und zu wachen, daß dem Park der Schmelz des Wilden, Unberührten nicht ganz genommen werde. Unsere Vermutung, daß durchweg nur Unkenntnis und Gedankenlosigkeit die schlimmsten Gefahren heraufbeschwören, fand erschreckende Bestätigung. Aus diesem Grund lehnen wir auch Ausstattung mit irgendwelcher staatlichen Autorität ab. Wir sind keine Polizei und wollen auch keine werden. Wir sind und wollen nur Mittler sein, den großen Ausflugscharen wie auch all und jedem Besitzer gegenüber. Wer böswillig den Gedanken des Heimatschutzes ausschlägt, dessen mag sich der Staat annehmen. Gegen schlechte Sitten und Gewohnheiten gibt es jedoch kein staatliches Zwangsmittel. Hier haben freundliche Aufklärung und Rat am Orte der Begebenheit einzusetzen, hier liegt der Schwerpunkt unseres Wirkens, und wir wollen nicht verhehlen …, daß wir zwischen den Tausenden Ausflüglern und den vielen um Einhalt ihres Tuns Gebetenen nicht einen einzigen fanden, der unserem Hinweis unzugänglich blieb. Das große Publikum ist besser als sein Ruf – aber furchtbar gedankenlos und unwissend …« (Carl Duve 1924)

Seit 1933 kam es im Vereinsvorstand zu wachsenden Auseinandersetzungen zwischen Sympathisanten und Gegnern des Nationalsozialismus, wobei sich die Sympathisanten schließlich durchsetzten. Die Heidewacht, die sich aus sozialdemokratischen Jugendverbänden entwickelt hatte, wurde aufgelöst. 1939 erfolgte eine Satzungsänderung, wonach als Vereinszweck »die Erweckung und Pflege der Heimatliebe im nationalsozialistischen Sinn« genannt wurde. Die geänderte Satzung schloß auch die Mitgliedschaft von Juden im Verein Naturschutzpark aus.

Nach dem Zweiten Weltkrieg wurde der Südteil des Naturschutzgebiets von den Briten beschlagnahmt und für Panzerübungszwecke benutzt. Trotz des Verbots durch die Naturschutzverordnung wurden jetzt noch einmal größere Heideflächen aufgeforstet, andere entwickelten sich infolge mangelnder Beweidung auf natürliche Weise zum Wald. Dem Verein Naturschutzpark gelang es in den 50er Jahren, eine Fläche von 600 ha von den Briten zurückzubekommen. 1.800 ha werden jedoch weiterhin als Militärgelände mißbraucht. Gegen die Verwaldung von Heideflächen schritt der Verein energisch ein. Während der 60er und 70er Jahre konnten auf großen Flächen illegal aufgeforstete Kiefernpflanzungen und verkusselte (durch

natürliche Gehölzansamung verbuschte) Bereiche in Heide zurückgeführt werden. Dadurch ist es gelungen, die Weitläufigkeit der Heideflächen zumindest teilweise wiederherzustellen.
Nach dem Zweiten Weltkrieg hatte sich jedoch auch das Selbstverständnis des Vereins Naturschutzpark verändert. In einer der ersten Veröffentlichungen des Vereins zu dieser Zeit heißt es: »Als jene Männer 1909 den Verein Naturschutzpark gründeten und sich für die Schaffung deutscher Naturschutzparke nach dem Vorbild ausländischer Nationalparke einsetzten, konnten sie nicht ahnen, welche Bedeutung ihr Vorhaben in einer späteren Zeit haben sollte. Denn erst in unserer Epoche, nach zwei die Welt umstürzenden Weltkriegen, wird dem Einsichtigen klar, welchen Inhalt der Naturschutzpark-Gedanke hat. Stand einst der Schutz der Tier- und Pflanzenwelt im Vordergrund, so gilt es heute neben dem selbstverständlichen Schutz der Tiere und Pflanzen, weiträumige Erholungslandschaften zu schaffen, die allen Kreisen der Bevölkerung offenstehen. Wir leben im 20. Jahrhundert und wollen an all dem teilnehmen, was die Erfinder und die von ihnen geschaffene Technik uns an Annehmlichkeiten bieten. Naturschutz betreiben heißt darum keinesfalls, gegen die Technik Stellung zu nehmen. Das wäre ein törichtes Beginnen. Neben den Arbeitsstätten der Industrie, fern von qualmenden Schornsteinen und fern vom Lärm der Städte und Dörfer, benötigen wir aber auch weiträumige Erholungslandschaften, Gebiete ungestörter Natur, in denen sich gerade die intensiv in der Industrie Schaffenden in ihrer Freizeit erholen und neue Kraft für die Anforderungen des Berufs holen können.«
Hinter den pathetischen Worten verbirgt sich eine deutliche Abkehr von dem ursprünglichen Konzept des Vereins. Der Schutz der Natur geriet in den Hintergrund. Der Naturschutzpark wurde jetzt für lange Zeit vorrangig unter dem Gesichtspunkt einer zu entwickelnden Erholungslandschaft gesehen. Bei der Heidepflege fanden wissenschaftliche Erkenntnisse zu wenig Berücksichtigung. Es entstanden strukturarme, gleichförmige Heidegebiete mit viel zu hohen Schnuckenbeständen. Arten der heidetypischen Tierwelt drohten auszusterben. Selbst im Bereich der ver-

einseigenen Flächen wurden Bachläufe begradigt und Grünlandflächen drainiert. Im Naturschutzgebiet entwickelte sich ein Massentourismus mit vielen negativen Folgen, auch wenn zumindest das Kfz-Verbot weiterhin aufrechterhalten wurde.
Bei der Gründung des Naturschutzgebiets waren große Waldflächen mit einbezogen worden, die sich überwiegend aus jüngeren, aus den Heideaufforstungen im letzten Drittel des vorigen oder zu Beginn unseres Jahrhunderts hervorgegangenen Beständen zusammensetzten. Für diese Wälder wurde zwar eine naturschutzgerechte Behandlung gefordert, aber ein Konzept gab es lange Zeit nicht dafür. Seit den 70er Jahren hat die niedersächsische Landesforstverwaltung hier neue Impulse gegeben, so daß das im Naturschutzgebiet gelegene Staatliche Forstamt Sellhorn heute eine Vorreiterrolle in naturschutzgerechter Waldbehandlung für ganz Niedersachsen einnimmt und alljährlich von zahlreichen Fachexkursionen besucht wird.
Die großen Moore im Südwestteil des Naturschutzparks wurden lange Zeit besonders stiefmütterlich behandelt. Trotz des Naturschutzes gingen Entwässerung und Handtorfstich unvermindert weiter. Das Pietzmoor, das zunächst mit seiner ganzen Fläche innerhalb des Naturschutzgebiets lag, wurde später wieder teilweise daraus entlassen. Seit Mitte der 70er Jahre erfolgten Renaturierungs- und Wiedervernässungsarbeiten an den Mooren. Seit Mitte der 80er Jahre kommen auch veränderte, wieder naturschutzorientierte Konzepte zur Pflege der Heideflächen und zur Entwicklung der Fließgewässer zum Tragen. Ebenso wird über die Landwirtschaft im Naturschutzgebiet neu nachgedacht. Der Verein hat einen Landschaftspflegehof gegründet, der Verfahren für eine naturschutzgerechte Landwirtschaft entwickeln soll.
Neue Gefährdungen für den Nordteil des Naturschutzgebiets ergeben sich aus einer seit 1984 betriebenen Grundwasserförderung durch die Hamburger Wasserwerke. Während der letzten Jahre sind immer wieder Erkundungen nach Erdgasvorkommen im Naturschutzgebiet vorgenommen worden. Als solche Untersuchungen 1990 mit Hilfe von Bohrungen und Sprengungen

flächendeckend durchgeführt werden sollten, hat der Verein Naturschutzpark den beteiligten Firmen das Betreten seiner Grundstücke verboten und gleichzeitig eine breit angelegte Informationskampagne über zu befürchtende Schäden gestartet. Inzwischen mehren sich die Anzeichen dafür, daß künftig für derartige Untersuchungen keine Genehmigungen mehr erteilt werden. 1990 trat eine neue Verordnung für das Naturschutzgebiet in Kraft. Danach wird dessen Fläche von bisher 20.000 auf ca. 21.500 ha erweitert, die Schutzziele für die einzelnen Landschaftsteile wurden präzisiert.

Bedeutende Persönlichkeiten für die Entwicklung des Naturschutzgebietes Lüneburger Heide

Viele Menschen haben sich um die Errichtung und den Erhalt des Naturschutzgebietes Lüneburger Heide verdient gemacht. Es waren ungezählte Heimat- und Naturfreunde, Wissenschaftler sowie Geldgeber aus allen Kreisen der Bevölkerung. Einige dieser Personen sollen hier genannt werden.

Pastor Wilhelm Bode, 1860 bis 1927, bekannt als der »Heidepastor«. Er lebte und wirkte in Egestorf, war dort in vielerlei Hinsicht – auch sozial – aktiv. So gründete er zum Beispiel die Genossenschaftliche Darlehenskasse. Er erlebte das Ende der Heidebauernwirtschaft und den darauf folgenden Rückgang der Heide mit und versuchte aus Heimatliebe, die letzten Reste dieser besonderen Landschaft gegen die Interessen der Bodenspekulanten zu verteidigen. Durch seine Vermittlung konnte 1906 der Totengrund als Keimzelle des heutigen Naturschutzgebietes aufgekauft werden. Er war es auch, der den Lehrer Dageförde anregte, das Heidemuseum in Wilsede aufzubauen. Der Verein Naturschutzpark hatte in ihm einen wortgewaltigen Verfechter der Idee eines großräumigen Naturschutzparks in der Lüneburger Heide.

Carl Duve, 1889 bis 1984, ein engagierter Förderer des Naturschutzes. Er begründete die »Heidewacht«, die in den 20er Jahren als Gruppe von freiwilligen Helfern interessierte Heidebesucher informierte und bei Fehlverhalten gegenüber der Natur aufklärerisch wirkte. Carl Duve war nach dem Zweiten Weltkrieg Gründer und Leiter des Naturschutzamtes in Hamburg.

Landrat Fritz Ecker, 1859 bis 1924, Landrat des Kreises Winsen/Luhe und von 1900 bis 1921 Abgeordneter im Preußischen Landtag. Er knüpfte die Kontakte der hiesigen Heidebewahrer zum Verein Naturschutzpark und überzeugte Kaiser Wilhelm II., zugunsten des Vereins Lotterien zu bewilligen und die Flächen des Staatsforstes in den geplanten Naturschutzpark zu integrieren.

Dr. Kurt Floericke, gestorben 1934, war Verfasser populärwissenschaftlicher Bücher und ließ im Jahr 1909 in den Zeitschriften »Kosmos« sowie »Wild und Hund« den Aufruf zur Gründung des Vereins Naturschutzpark veröffentlichen, um großflächigen Naturschutz durchzusetzen. Weiterhin verfaßte er 1910 ein Gutachten über den Wert der Lebensräume rund um den Wilseder Berg, das für den Verein Naturschutzpark den Ausschlag gab, sich in diesem Gebiet mit Ankäufen zu engagieren. Darin schreibt Floericke: »Zu der Überzeugung, daß hier mit kleinem Flickwerk, mit der Erhaltung einzelner Wacholdergruppen, erratischer Blöcke und anderer Naturdenkmäler nichts getan ist, sondern daß hier unbedingt großzügig gearbeitet werden muß, kommt man schon nach kurzem Aufenthalte!«

Dr. Udo Hanstein, geboren 1933, übernahm 1971 die Leitung des Staatlichen Forstamtes Sellhorn, das vollständig im Naturschutzgebiet Lüneburger Heide liegt. Er setzt sich seitdem besonders für die Pflege und Entwicklung der Wälder unter starker Berücksichtigung des Naturschutzes ein und erarbeitet dafür umfassende Konzepte. Darüber hinaus engagiert er sich sehr erfolgreich für eine an ökologischen Gesichtspunkten orientierte Jagd im Naturschutzgebiet.

Hofrat Walther Keller, 1869 bis 1952, Verleger des »Kosmos«. Er gab neben Dr. Floericke den Anstoß zur Gründung des Vereins Naturschutzpark, ließ die gesamte Geschäftsführung für Jahrzehnte über seinen Verlag laufen und unterstützte den Verein auch anderweitig in jeder Form.

Prof. Dr. Ernst Preising, geboren 1911, hat über mehrere Jahrzehnte den Naturschutz in Niedersachsen mitgestaltet. Besonderes Interesse widmete er dabei dem Naturschutzgebiet Lüneburger Heide; er wies als Vegetationskundler auf die immense Bedeutung dieses Gebietes für die Erhaltung binnenländischer Zwergstrauchheiden hin. In den 50er Jahren leitete er die Renaturierung von 400 ha »Panzerheide« nach Freigabe durch das Militär. An der Gründung der Norddeutschen Naturschutzakademie auf Hof Möhr bei Schneverdingen hatte er entscheidenden Anteil.

Dr. h.c. Alfred Toepfer, geboren 1894, Hamburger Getreidehändler. Nach dem Zweiten Weltkrieg, in einer Zeit, die für Naturschutz kaum Interesse aufbrachte, hielt er durch sein starkes finanzielles Engagement den Verein Naturschutzpark und das Naturschutzgebiet Lüneburger Heide am Leben. Er ließ große, illegal aufgeforstete oder verkusselte Flächen wieder zu Heide umwandeln und setzte auch die lange unterbrochenen, für konsequenten Naturschutz so wichtigen Flächenankäufe wieder fort.

Die einzelnen Landschaftstypen

Heide

Die Heide ist keine natürliche Landschaft, sondern eine uralte Kulturlandschaft. Sie hat sich durch menschliche Einflüsse auf Böden entwickelt, auf denen ehemals Wälder wuchsen. Weitläufige Heideflächen waren hier bereits während der Bronzezeit vorhanden. Die Heide ist eine Zwergstrauchlandschaft, die einst weite Teile Nordwestdeutschlands, Jütlands, Hollands und Belgiens einnahm. Diese Steppenlandschaft wurde von Herden einer besonders anspruchslosen Schafrasse bevölkert, der Heidschnucke. Darüber hinaus diente die Heide auch der Gewinnung von Düngestoffen; dazu wurde sie gemäht oder geplaggt. An abgeplaggten Stellen war der Mineralboden freigelegt, was manchmal zur Bildung kleiner Wehsandbereiche führte, die sich zunächst nicht wieder begrünten. Wurde die Heide zu hoch oder zu alt, brannten die Schäfer sie ab. In abgelegenen Heidebereichen, die längere Zeit von der Nutzung verschont blieben, konnten sich wieder Gehölze ansamen, und es entwickelten sich verbuschte Flächen mit allen Übergängen zum Wald.

Die alte Heidebauernwirtschaft brachte also ein Landschaftsmosaik hervor, das aus geplaggten und gemähten, manchmal auch abgebrannten oder verbuschten Heideflächen bestand, die von Sandschellen durchsetzt waren. Zur Steigerung der Vielfalt dieses Mosaiks trugen unterschiedliche Bodenverhältnisse bei – auf trockenen, sandigen Böden entwickelten sich Ginster-Sandheiden; lehmige Böden brachten eine durch Glockenheide geprägte Pflanzenwelt hervor; quellige und staunasse Böden bildeten mit ihrer Vegetation verschiedene Übergänge zum Heidemoor. Besondere Pflanzengesellschaften entwickelten sich auf brachgefallenen Ackerflächen.

Das Naturschutzgebiet Lüneburger Heide beherbergt mit seinen ca. 3.000 ha umfassenden Heideflächen die umfangreichsten

Reste ursprünglicher Heidelandschaft, die sich auf dem europäischen Festland noch erhalten haben. Es ist ein wichtiges Anliegen des Naturschutzes, hier möglichst viele der typischen Lebensräume früherer Heidelandschaften mit ihren Tieren und Pflanzen zu erhalten. Dafür sind allerdings selbst 3.000 ha Heidefläche zu klein. Eine Besserung der Situation wird sich erst nach Rückgabe der 1.500 ha der zur Zeit noch für Panzerübungszwecke mißbrauchten Heideflächen im Südteil des Naturschutzgebietes ergeben.

Zur Erhaltung der Heide sind immer wieder Pflegeeingriffe notwendig. Eine dieser Pflegemaßnahmen ist die Beweidung durch Heidschnuckenherden. Die Heidschnucke ist eine kleine, ursprüngliche Schafrasse, die sich in der Heidelandschaft entwickelt hat und vom europäischen Wildschaf, dem Mufflon, abstammt. Die Lämmer sind zunächst pechschwarz und haben ein gelocktes Fell. Nach der ersten Schur bekommen sie das Aussehen der erwachsenen Tiere, bei denen nur noch Kopf und Füße schwarz sind.

Zur Zeit existieren sieben Heidschnuckenherden mit jeweils 300 bis 350 Muttertieren im Bereich des Naturschutzgebietes. Jedes Muttertier bringt ein oder zwei Lämmer zur Welt, selten kommt es zu Drillingsgeburten. Die Herden wachsen also zur Ablammzeit im Spätwinter auf etwa 750 Tiere an.

Die grobe, harte Heidschnuckenwolle gilt heute als minderwertig und wird hauptsächlich zur Herstellung von Teppichen benutzt. Das schmackhafte, wildbretartige Fleisch erzielt dagegen gute Preise. Dennoch ist die Heidschnuckenhaltung ein Zuschußgeschäft.

Ein weiterer Bestandteil der Heidebauernwirtschaft, der heute zur Pflege der Heide noch praktiziert wird, ist die Imkerei. Wanderimker bringen jährlich etwa 3.500 Bienenvölker in die Heideflächen des Naturschutzgebietes, um die Tracht der Heideblüte zu nutzen. Dabei wird neben der sich immer mehr durchsetzenden Kastenimkerei auch noch die früher heidetypische Korbimkerei betrieben. Die Bienen sorgen für eine gute Bestäubung und dadurch für eine gute Samenbildung der Heide. Die Heid-

schnucken tragen durch ihren Verbiß zum stärkeren Austrieb und damit zur Kräftigung der Heidepflanzen bei.
Dort, wo sich heute Heideflächen ausbreiten, würden von Natur aus Wälder wachsen. Die Natur hat nun verschiedene Strategien entwickelt, um den Wald wieder zu etablieren. Die Pionierbaumarten Kiefer und Birke besitzen leichte, geflügelte Samen, die vom Wind immer wieder in die Heide eingetragen werden und auch unter den kleinklimatischen Extrembedingungen der offenen Heideflächen keimen können. Ein Teil der aufkeimenden Gehölzsämlinge entgeht den scharfen Zähnen der Heidschnucke und führt zur Verkusselung von Heideflächen.
Der Wacholder ist ein Strauch, der wegen seiner spitzen Nadeln von den Schafen nicht gefressen wird. Er ist deshalb eine typische Begleitart von Weidelandschaften, nicht nur in der Heide, sondern auch auf den Kalktrockenrasen der Mittelgebirge. Im Schutz von Wacholdergruppen können sich empfindlichere Baumarten wie Eichen und Buchen entwickeln, die dort vor dem Verbiß der Heidschnucken sicher sind und ein günstiges Kleinklima vorfinden. Die schweren Samen dieser Baumarten (Eicheln und Bucheckern) werden von Eichelhähern in den Wacholdergruppen vergraben. So übernimmt der Wacholder eine Ammenfunktion für empfindlichere Baumarten. Man kann häufig beobachten, wie Eichen und Buchen aus Wacholderhainen hervorwachsen, im Laufe der weiteren Entwicklung schließlich ein geschlossenes Kronendach bilden, dadurch den Wacholder ausdunkeln und letztlich zum Absterben bringen.
Aus den Heideflächen müssen also immer wieder Gehölze entfernt werden, um ein Verwalden zu verhindern. Die dazu notwendigen Maßnahmen bezeichnet man als Entkusselung. Solche Entkusselungen werden jedoch nicht vollständig auf ganzer Fläche durchgeführt. Auf Teilflächen ist die Entwicklung von Buschlandschaften erwünscht, die einen wichtigen Lebensraumtyp darstellen und zahlreiche bedrohte Tierarten beherbergen. Im Idealfall sollten alle Übergänge von offener Heide zum Wald im Naturschutzgebiet vorhanden sein.
Ein Vorgang, der durch die Beweidung von Heideflächen allein

Die maschinell abgeplaggte Heidefläche
bietet im Jahr nach der Bearbeitung einen
wüsten Anblick …

Bereits ein Jahr später ist sie jedoch mit Heidekeimlingen übersät (rechts).

nicht verhindert werden kann, ist die Weiterentwicklung der Böden. Die Heidevegetation, die nur ein Übergangsstadium auf durch menschliche Wirtschaftsweise degradierten Böden darstellt, baut selbst Humusstoffe auf und bereitet dadurch den Nährboden für anspruchsvollere Pflanzengesellschaften. Dieser Vorgang wird zur Zeit durch atmosphärischen Stickstoffeintrag noch beschleunigt. Die Humussubstanzen, die sich zunächst in Form von Rohhumus anreichern, begünstigen die Ausbreitung einer speziellen Grasart, der Drahtschmiele. Die Drahtschmiele gilt als Rohhumuszehrer und hat die Eigenschaft, im Boden vorhandenen Rohhumus wieder abzubauen. Nach einem solchen Abbauprozeß kann zunächst die Heide wieder Fuß fassen. Wir erleben deshalb zur Zeit gerade, wie Phasen von Vergrasung und Wiederausbreitung der Heide im Naturschutzgebiet einander ablösen. Mittelfristig gesehen wird sich die Heide aufgrund fortschreitender Nährstoffanreicherung jedoch nicht mehr regenerieren können. Gräser werden dann vollständig die Oberhand gewinnen.

Der Aufbau von Humusstoffen wurde zur Zeit der intakten Heidebauernwirtschaft durch das regelmäßige Plaggen immer wieder unterbrochen. Weil Abplaggen von Hand heute unbezahlbar wäre, muß dieser zur Erhaltung der Heide notwendige Vorgang maschinell nachgeahmt werden. Hierzu sind im Naturschutzgebiet Lüneburger Heide seit 1985 Versuche angestellt worden, die inzwischen zu praxisreifen Verfahrensabläufen geführt haben. Maschinell geplaggte Flächen werden innerhalb weniger Jahre wieder von junger, vitaler Heide besiedelt.

Hochwüchsige Heidebestände, die noch genügend Vitalität besitzen, können auch durch Mähen verjüngt werden. Bei bereits überalterter Heide ist Mahd dagegen nicht mehr sinnvoll und beschleunigt lediglich die Vergrasung. Heidemähgut ist vielseitig verwendbar. Traditionell wird es zur Firstabdeckung bei Reetdächern benutzt, Zoologische Gärten nehmen es als Einstreu für Stallungen und als Rauhfutter für Wiederkäuer. Eine große Nachfrage gibt es auf dem Sektor des Biofilterbaus (zum Beispiel Geruchsfilter für Mastställe).

Eine weitere Möglichkeit zur Regeneration von Heideflächen ist das Abbrennen. Feuer ist ein natürlicher Umweltfaktor, der vor der Gestaltung der Landschaft durch menschliche Einflüsse zur Entstehung weiter offener Flächen beigetragen hat. Brand bietet gegenüber dem Abplaggen verschiedene Vorteile. Brennen schont das Kleinrelief der Oberfläche, ist auch in nicht befahrbaren Lagen möglich, setzt keine Erschließung voraus und schafft vielfältige Randstrukturen (maschinell bearbeitete Flächen haben in der Regel mehr oder weniger gerade Ränder). Selbstverständlich sollte das Brennen nur kleinflächig erfolgen. All diese Pflegemaßnahmen führen auch zu Beeinträchtigungen der Tier- und Pflanzenwelt. Doch diese negativen Auswirkungen sind begrenzt und tragen langfristig zur Verbesserung der Lebensraumstrukturen der Heidetierwelt bei. Nichtstun würde andererseits unweigerlich zu einem Verschwinden des Lebensraums Heide insgesamt, mit allen seinen Tieren und Pflanzen führen.

Lose-Sand-Biotop und Silbergrasflur

Dort, wo nach dem Abplaggen der Mineralboden freiliegt, kann bei besonders armen und trockenen Standorten der Sand in Bewegung geraten. Es bildet sich dann nicht sofort wieder geschlossener Heidewuchs, sondern es erscheint zunächst eine Pioniergesellschaft, die durch Silbergras geprägt wird, das einen schütteren Rasen bildet. In den silbrig-grauen borst-blättrigen Horsten dieses Rasens verfangen sich vom Wind umhergetriebene Sandkörner und häufen sich zu kleinen Buckeln an. Das äußerst intensive Wurzelwerk geht bis in 50 Zentimeter Tiefe. Die einzelnen Horste verdichten sich mehr und mehr und legen den Boden schließlich fest, so daß sich gegenüber Verwehung empfindliche Arten, wie Calluna-Heide, ansiedeln können. Die Silbergrasflur ist also eine sehr kurzlebige Pflanzengesellschaft, ein Mittel der Natur auf dem Weg zur Heilung verwundeter Böden. Sie entsteht außer auf Plaggflächen auch durch Trittschäden an Wegrändern.

Punktuell tragen auch Wildkaninchen durch den Sandauswurf

Der Strandhafer, eine Dünenpflanze der Nordseeinseln, kam früher auch in Wehsandgebieten des Binnenlandes vor. Einige Relikte haben sich im Naturschutzgebiet erhalten. Der Strandhaferhorst ist von weitläufigen Silbergrasfluren umgeben.

Loser-Sand-Biotop an einer Erosionsrinne.
Lange durch Schaftritt offen gehalten,
wandern jetzt die ersten Kiefern ein.

beim Bau ihrer Löcher zur Entwicklung von Lose-Sand-Biotopen bei.
Früher waren Gebiete mit frei umherwehendem Sand großflächig vorhanden. Damals bildeten sich Binnendünenkomplexe, auf denen auch der Strandhafer gedieh, der ansonsten auf den Düneninseln der Küste vorkommt. Im Naturschutzgebiet befindet sich die letzte Binnendüne mit einem vitalen Strandhaferhorst im Bereich der Sahrendorfer Heide. Hier sind auch im größeren Umfang Silbergrasfluren vorhanden.
Typische Begleitarten des Silbergrases sind der Kleine Sauerampfer und die Sandsegge, die dadurch gekennzeichnet ist, daß ihre langen Ausläufer zahlreiche, in einer geraden Linie stehende Ableger hervorbringen. Die Sandsegge wird deshalb auch »Soldatensegge« genannt.
Der hier beschriebene Lebensraumtyp wird von der Kreuzkröte bewohnt, deren hervorstechendes Merkmal ein kräftig gelb gefärbter Strich auf der Rückenmitte ist und die sich in dem sandigen Boden gut eingraben kann. Zum Ablaichen benötig sie allerdings Gewässer.
Von den Insektenarten ist vor allem die Gruppe der Hautflügler stark vertreten. Grabwespen und solitär lebende Bienenarten bauen ihre Röhren in den Sand.

Weitläufige, offene Calluna-Heide

Neben der für diesen Landschaftstyp prägenden Besenheide (Calluna vulgaris) treten nur wenige andere Pflanzenarten auffällig in Erscheinung. Im Frühjahr sieht man hier und da gelbe Punkte in der Heide aufleuchten – es handelt sich um blühende Exemplare von zwei Kleinginsterarten, dem Englischen und dem Behaarten Ginster. In stark von Schafen belaufenen Bereichen, auf Triften und in der Umgebung der Ställe, wachsen dichte Rasen von einem Gras mit sparrig abstehenden, rauhen Blättern, dem Borstgras. Die Drahtschmiele mit ihren dünnen, fädigen Blättern findet sich an vielen Stellen zwischen der Besenheide und durchläuft ihre bereits beschriebenen zyklischen Phasen von Ausbreitung und Rückzug.

Auf Kuppen ehemaliger Dünen und auf Hügelgräbern bildet häufig die Krähenbeere dichte, kräftig grün gefärbte Bestände. Ihre kleinen Beeren sind glänzend schwarz. An ausgeprägten Nordhanglagen, an denen ein kühl-feuchtes Kleinklima herrscht, wie am Wilseder Berg, treten Bestände der Blaubeere auf.

Unter den Vögeln ist die Feldlerche charakteristisch für die offenen Heideflächen und erfüllt bereits im zeitigen Frühjahr die Landschaft mit ihrem Gesang. Daneben tritt der Steinschmätzer auf, der beim Fortfliegen durch seinen weiß aufleuchtenden Bürzel gut zu erkennen ist. Zur Anlage seines Nestes benötigt er Steinhaufen, Stapel von Heideplaggen, Kaninchenhöhlen oder Bienenzäune (siehe Begriffserklärungen S. 220). An Bienenzäunen kommen auch fast immer zwei andere Vogelarten vor – der Hausrotschwanz und die Bachstelze.

Wo trockene Heide in Kombination mit Feuchtheide und Bachtälern auftritt, lebt der Brachvogel, dessen melancholische Rufe sich besonders stimmungsvoll in die weite Heidelandschaft einfügen. Nicht selten lassen sich über den Heideflächen rüttelnde Turmfalken beobachten, die nach Kleinsäugern Ausschau halten. Sie brüten zumeist auf Bäumen der angrenzenden Gehölze in verlassenen Krähennestern. Auch Rabenkrähen halten sich oft in der offenen Heidelandschaft auf. Wahrscheinlich suchen sie hier nach Schafskot und daran saugenden Insekten.

Eine Kriechtierart, die in der offenen Heide häufig vorkommt, ist die Waldeidechse. Sieht man im Heidekraut ein kleines Tier davonhuschen, ohne daß man es erkennen kann, war sie es meistens. Die Waldeidechse ist Beutetier der Schlingnatter, die ebenso wie die Kreuzotter in den Heideflächen des Naturschutzgebietes recht verbreitet ist.

Eine Insektenart, die manchmal durch ihren Fraß an Heidepflanzen sehr auffällig in Erscheinung tritt, ist der Heideblattkäfer. Wegen seiner Empfindlichkeit gegenüber Trockenheit lebt der Käfer in Heideflächen auf rohhumusreichen Böden, die nicht so leicht austrocknen. Er befrißt in erster Linie ältere Heidepflanzen mit bereits reduzierter Vitalität. Der Fraß erfolgt vor allem

Die weite, offene Heidelandschaft ist nur einer von vielen verschiedenen Lebensräumen des Naturschutzgebietes.

an Spitzen und Rändern junger Blätter, die infolgedessen mehr Wasser verlieren und in Trockenperioden leichter verdorren. Massenvermehrungen des Heideblattkäfers in Verbindung mit Trockenzeiten während der Vegetationsperiode können größere Heidebestände zum Absterben bringen. In einem solchen Jahr nimmt die Heide dann eine rötlich-braune Färbung an und bildet keine Blüten. Im darauf folgenden Jahr bestimmen graue abgestorbene Heidepflanzen das Bild. Der unscheinbare, kleine graugrün gefärbte Käfer selbst wird leicht übersehen.

Eine Käferart, die der aufmerksame Wanderer häufig beobachten kann, ist der Mistkäfer, der durch den überall vorhandenen Schafkot begünstigt wird. Mit etwas Glück trifft man auch auf einen Stierkäfer, der etwa mistkäfergroß ist und ein interessantes, dreispitziges Chitingebilde auf der Schulter trägt.

Die offene Calluna-Heide ist Lebensraum für zahlreiche Schmetterlingsarten, darunter hochgradig gefährdete. Da die Calluna-Heide als niedrige Vegetationsform intensive Sonneneinstrahlung bis an den Boden dringen läßt und die durchlässigen, sandigen Böden an der Oberfläche immer wieder rasch abtrocknen, können hier Heuschreckenarten leben, die Trockenheit und Wärme bevorzugen.

Auffällig ist der Spinnenreichtum der Heide. Besonders im Spätsommer machen des Morgens die Tautropfen unzählige Spinnennetze sichtbar. Die einzelnen Heidepflanzen sind dann über und über in Spinnennetze eingewebt. Auch unter den Spinnen gibt es Besonderheiten; einige Arten sind für Niedersachsen bisher nur im Naturschutzgebiet Lüneburger Heide nachgewiesen. Es handelt sich hierbei um Eiszeitrelikte, deren Verbreitung sonst nur auf Skandinavien und die Alpen beschränkt ist. Solche Arten haben sich in der Calluna-Heide wegen der besonderen kleinklimatischen Bedingungen erhalten; Klimaextreme wie Kälte und Hitze können in dieser offenen Landschaft voll zur Wirkung kommen.

Verbuschte Heide und Übergänge zum Wald

Der typische Strauch der Heide ist der sehr vielgestaltige Wacholder, der einzeln, in Gruppen oder regelrechten Hainen das Bild der Landschaft belebt. Der Wacholder ist sehr feuerempfindlich und kann dort, wo eine Heidefläche einmal abgebrannt ist, großflächig fehlen. Die ältesten Exemplare des Naturschutzgebietes sind 500 Jahre alt. Besonders umfangreiche Wacholderhaine gibt es im Steingrund, in der Wolfsschlucht, am Südosthang und Nordhang des Wilseder Berges, am Suhorn und am Wümmeberg.

Grünling, Hänfling und Neuntöter sind regelmäßige Brutvögel der Wacholderbestände. Der Neuntöter hat die Angewohnheit, seine Beute, die meistens aus Käfern, Bienen und anderen Hautflüglern besteht, auf Dornen oder Zweigspitzen aufzuspießen und sich dadurch Vorratskammern anzulegen. Weil der Neuntöter häufig von erhöhter Warte aus auf Beute lauert, bekommt man ihn leicht zu sehen. Im Winter fressen Scharen von Wacholderdrosseln die Beeren des Strauches ab.

Von den Waldrändern her samen sich Kiefern und Birken in die Heide aus und bilden hier manchmal recht weitläufige Buschlandschaften. Stellenweise hat auch die Fichte einen hohen Anteil an der Verbuschung der Heide oder die Eberesche, deren Samen durch Vögel eingetragen werden. In der Buschlandschaft sind verschiedene Vogelarten zu Hause, die wir als typische Bewohner der Heide kennen und deren Bestand in Niedersachsen meist stark gefährdet ist. Für die Erhaltung solcher Arten kommt dem Naturschutzgebiet Lüneburger Heide große Bedeutung zu. Zu dieser Artengruppe gehört der Raubwürger, der in seinem Aussehen an die verkleinerte Ausgabe einer Elster erinnert. Sein Verhalten ist noch auffälliger als das seines »Vetters«, des Neuntöters. Er sitzt gerne ganz frei und erhöht, manchmal vollführt er Rüttelflüge. Seine Beute, zum Beispiel Eidechsen und Mäuse, klemmt er oft zwischen Ästen ein. Das Nest wird meistens in freistehenden älteren Kusselkiefern gebaut. Der Raubwürger überwintert auch in der Heide.

Zwei weitere Bewohner dieses Lebensraums sind Schwarzkehlchen und Braunkehlchen, wobei das Braunkehlchen mehr die feuchteren Bereiche bevorzugt. Das hübsch gefärbte Männchen

Bäume, die sich im Schutz der Wacholder entwickeln, entgehen den gefräßigen Heidschnucken.

Feuchtheide mit Übergängen zum Hangquellmoor. Eine typische Pflanzenart ist das Pfeifengras, das hier mit seinen üppig grünen Horsten den Bildvordergrund beherrscht.

des Schwarzkehlchens trägt sein mit kratzenden Tönen durchsetztes Lied häufig aus der Luft vor, wobei es, in geringer Höhe tanzend, über seinem Revier auf und nieder fliegt.
Dort, wo Buschlandschaft an Kiefernwälder grenzt, treten Heidelerche und Ziegenmelker auf. Der Gesang der Heidelerche gehört zu den schönsten und stimmungsvollsten heimischen Vogelliedern. Bei seinen Singflügen schwingt sich das Männchen in Spiralen hoch über sein Revier empor, kreist dann bis auf etwa 30 Meter wieder herunter und läßt sich schließlich zu Boden fallen. Häufig wird das Lied auch von einem erhöhten Standort aus vorgetragen.
Der Ziegenmelker, auch Nachtschwalbe genannt, verläßt sein Tagesversteck erst in der Dämmerung, um sich auf die Jagd nach Käfern und Nachtfaltern zu begeben. Im Mai und Juni erfüllt sein lautes, schnurrendes, auf- und abschwellendes »Errörrerrörrr« die Heidenächte. Selbstverständlich leben in den Übergangsbereichen auch für Waldränder typische Vögel. Baumpieper und Goldammer sind hier zwei überall anzutreffende Charakterarten.

Brutvögel der Heidelandschaft des Naturschutzgebietes

Art	Anzahl der Paare (1988)
Baumfalke	3
Rebhuhn	6
Brachvogel	4
Ziegenmelker	über 40
Heidelerche	über 50
Neuntöter	26
Raubwürger	7
Schwarzkehlchen	12
Braunkehlchen	17
Steinschmätzer	21

Eine typische Kriechtierart dieses Lebensraums ist die Zauneidechse. Mit dem empfindlichen Wärmehaushalt wechselwarmer Tiere ausgestattet, benötigt sie halboffene Landschaften, wo sie sich bei intensiver Sonneneinstrahlung rasch in den Schatten von Gehölzen zurückziehen kann, während ihr offene Stellen bei weniger intensiver Sonneneinstrahlung die Gelegenheit geben, sich mit Wärme aufzutanken.

Feuchte Sandheiden und Lehmheiden

Über stauende Lehm- oder Tonschichten kann das Grundwasser in den Wurzelbereich der Pflanzen hineinwirken. Auf solchen Standorten bilden sich feuchte Sandheiden, die durch das Vorkommen von Glockenheide *(Erica tetralix)* geprägt sind. Die Blüte der Glockenheide beginnt bereits im Juni, während die Blüte der Besenheide *(Calluna vulgaris)* erst im August einsetzt. Gemeinsam mit der Glockenheide tritt das Pfeifengras auf, dessen Horste im Herbst und im Winter hellgelb aus der dunkelbraunen Heide hervorstechen. Als weitere Grasart kommt manchmal das Spitzried *(Trichophorum caespitosum)* hinzu, das im Herbst für einige Wochen intensiv kupferfarben aufleuchtet und dadurch einen zusätzlichen Farbaspekt in der Heidelandschaft setzt.

Gelegentlich findet der Wanderer die Glockenheide gerade auf den höchsten Kuppen der Heide, wie auf dem Wilseder Berg, wo mit Sicherheit kein Grundwassereinfluß besteht. Hier sorgt die größere wasserhaltende Kraft des Bodens dafür, daß sich die Glockenheide behaupten kann. Der Boden besteht nicht wie bei der Sandheide nur aus Grobsand, sondern auch aus Feinsand, Schluff und Ton; wir haben es mit einer Lehmheide zu tun. Lehmiger Boden ist fruchtbarer als Sandboden, als Begleiter der Glockenheide können deshalb einige Arten wachsen, die höhere Nährstoffansprüche stellen. Dazu gehören so auffällige Pflanzen wie die gelbblühende Niedrige Schwarzwurzel und das Aufrechte Fingerkraut mit seinen handförmig geteilten Blättern.

Der Charaktervogel des Lebensraums Feuchtheide ist der Wiesenpieper, ein unscheinbarer, bräunlich gefärbter Kleinvogel, dessen Singflüge den ganzen Frühling und Frühsommer über beobachtet werden können. Der Wiesenpieper wird vom Kuckuck, der ebenfalls häufig in diesem Lebensraum auftritt,

Das Gefleckte Knabenkraut, eine Orchidee, die in Feuchtheide und flachgründigen Moorbildungen wächst.

Die Glockenheide ist die Charakterart der Feucht- und Lehmheiden. Sie wird auch Erika-Heide genannt, weil ihr wissenschaftlicher Name Erica tetralix lautet.

als Wirtsvogel bevorzugt. Der Jungkuckuck wird wesentlich größer als seine Pflegeeltern. Nach dem Flüggewerden des Jungkuckucks kann man manchmal beobachten, wie ein Wiesenpieper beim Füttern auf dem Rücken seines riesigen Pflegekindes steht.

Die Feuchtheiden sind wichtige Schmetterlingslebensräume; bedrohte, teilweise in ganz Deutschland gefährdete Arten haben hier einen besonders hohen Anteil.

Unter den Heuschrecken treten einige stark spezialisierte, an Feuchtigkeit gebundene Arten auf, die besonders empfindlich auf Schwankungen des Umweltgefüges reagieren.

Aufgegebene Ackerflächen

Der Verein Naturschutzpark hat auf angekauften Ackerflächen im Laufe der Jahrzehnte vielfach die Bewirtschaftung eingestellt. Auf den durchlässigen, sandig-lehmigen Böden haben dann Nährstoff-Auswaschungsprozesse begonnen, die zur Ausmagerung führen. Auf den Flächen entwickeln sich Pflanzengesellschaften von Trocken- und Magerrasen. Sie werden regelmäßig durch Heidschnucken beweidet, was ein Verbuschen verhindert oder zumindest hinauszögert. Solche brachgefallenen Ackerflächen hat es auch zu Zeiten der Heidebauernwirtschaft immer wieder gegeben; sie stellen insofern typische Heidelebensräume dar.

Landesweit gesehen sind Trocken- und Magerrasen des Flachlandes noch erheblich seltener als Calluna-Heiden; es handelt sich insofern um einen besonders gefährdeten Lebensraumtyp. Die Hauptvorkommen im Bereich des Naturschutzgebietes befinden sich in der Umgebung der Ortschaften Haverbeck, Wilsede und Inzmühlen. Sie sind durch pflanzlichen Artenreichtum gekennzeichnet und blühen im Hochsommer sehr bunt. Für die Farbenpracht sind vor allem der violette Thymian, das blaue Bergsandglöckchen, das gelbblühende Kleine Habichtskraut und der weißblühende Augentrost verantwortlich.

Der pflanzliche Artenreichtum, vor allem der sehr hohe Anteil der Kräuter, ist Grundlage für ein vielfältiges Tierleben. Von den zahlreich auftretenden Schmetterlingsarten fallen der rot-orange gefärbte Dukatenfalter und der Kleine Feuerfalter ins Auge. Die ebenfalls artenreich vertretene Gruppe der Heuschrecken erfüllt die Trockenrasengebiete durch ihr Zirpen mit Leben.

Wald

Das Naturschutzgebiet Lüneburger Heide umfaßt nicht nur Heideflächen, im Gegenteil: Auf etwa 60 Prozent seiner Gesamtfläche, das sind ca. 12.500 Hektar, wachsen Wälder, die es zum größten Waldnaturschutzgebiet Niedersachsens machen; selbst der Nationalpark Bayerischer Wald hat keine größeren Waldflächen. Vom Wald des Naturschutzgebietes Lüneburger Heide gehören 5.000 ha dem Staatlichen Forstamt Sellhorn, 2.600 den Klosterforsten, 900 dem Verein Naturschutzpark und der Rest verschiedenen privaten, meist bäuerlichen Waldbesitzern. Besonders der Verein Naturschutzpark und das Staatliche Forstamt, aber auch viele der anderen Waldbesitzer behandeln ihre Waldflächen vornehmlich nach Naturschutzgesichtspunkten.

Waldgeschichte

Die Geschichte dieses Waldes ist sehr wechselhaft, sowohl in bezug auf die Zusammensetzung seiner Baumarten als auch auf seine Ausdehnung.

Durch Auszählen der Pollen in den Torfschichten der Moore kann man die Vegetation auch nach Jahrtausenden noch ziemlich genau bestimmen. Somit weiß man recht präzise, in welcher Folge die verschiedenen Pflanzen nach der letzten Eiszeit die von den Gletschern neu geschaffene und durch Wind- und Wassererosion bereits wieder veränderte Landschaft besiedelten. Nach der fast vegetationslosen Eiszeit folgte eine tundra-ähnliche Vegetation bis etwa 9.000 v. Chr. Danach wanderten Kiefer und Birke (auf feuchteren Standorten) ein, später auch Hasel, Erle und Eiche sowie in geringerem Maße Ulme und Linde. Es waren die lichtliebenden, in der Jugend meist schnellwachsenden und sich durch flugfähige Samen sehr zügig verbreitenden Baumarten, die den Pionierwald bildeten.

Folglich muß man sich die Landschaft der heutigen Lüneburger Heide in ihrem Ursprung nach der Eiszeit und vor der Einflußnahme durch den Menschen als eine Waldlandschaft vorstellen, die von wenigen Bächen durchzogen und nur in einigen Bereichen durch kleinere und größere Moore unterbrochen wurde. Der Wald war recht locker bestockt, da er sich aus Bäumen bildete, die zum Wachstum viel Licht benötigen. Wird ein solcher Baum von seinen Nachbarn überwachsen und beschattet, kann er sehr bald nicht mehr weiterwachsen, kümmert und stirbt schließlich ab. Ohne die Einflußnahme des Menschen wäre die Waldentwicklung ungestört weitergelaufen: Schattbaumarten, also Arten, die auch unter dem Kronenschirm anderer Bäume existieren können, wären eingewandert und hätten im Laufe der Jahrhunderte in großen Bereichen die Bodenoberfläche soweit abgedunkelt, daß die Lichtbaumarten nicht mehr hätten keimen können. Zu diesen Schattbaumarten zählt in unseren Breiten hauptsächlich die Buche. Es gibt sie hier allerdings erst seit etwa 3.000 Jahren, als das Gebiet der heutigen Lüneburger Heide bereits besiedelt war.

Auch vor dieser Besiedelung gab es schon Menschen hier, es waren aber umherziehende Jäger, und deshalb nahmen sie kaum Einfluß auf die Landschaft und die Entwicklung der Wälder. Mit der Jungsteinzeit wurden die Menschen seßhaft, begannen mit Ackerbau und Viehzucht. Zuerst wurden durch kleinflächige Rodungen Ackerflächen geschaffen. Ungleich nachteiliger für den Wald war die Viehzucht. Offene Weideflächen gab es nicht; man trieb die Tiere einfach in den Wald. Folglich wurde die natürliche Verjüngung der Wälder unterbunden. Jedes junge Bäumchen wurde verbissen, der für die meisten Waldgesellschaften typische Unterwuchs verschwand. Mit dem Ausfallen der vorhandenen Bäume – sei es durch Nutzung als Brenn- oder Bauholz, sei es durch Überalterung – gelangte dann immer mehr Licht an den Boden. Nun konnte sich die Heide ansamen.

Einen wirklichen »Urwald«, wie er sich heute ohne Einflußnahme des Menschen entwickeln würde, hat es in der Lüneburger Heide also nie gegeben: Als die Buche, die von Natur aus in

»Zwillingsbuche« in einer »Königlichen Holzung«. Stehendes Totholz ist wirtschaftlich wertlos, doch wichtig für viele Insekten und Vögel.

Mitteleuropa vorherrschende Baumart (Ausnahmen: hohe Gebirgslagen sowie besonders feuchte oder trockene Gebiete) begann, sich hier auszubreiten, war der Mensch bereits da und griff in ihre Verbreitung ein. Dabei lieferte die Buche für unsere Vorfahren kein wirklich brauchbares Holz: Buchenholz ist ohne die erst heute mögliche Behandlung als Bauholz nicht haltbar genug, und für die Gewinnung von Brennholz wächst es in der Jugend zu langsam. Die Buche brauchte also sehr lange, um dem gefräßigen Vieh zu entwachsen, hatte deshalb gegenüber der schneller wachsenden Eiche kaum eine Chance.
So wurde durch dauernde Waldweide und Übernutzung der Waldanteil durch die Heidebauernwirtschaft auf extrem geringe Restflächen zurückgedrängt, und erst seit gerade 100 Jahren nimmt er wieder zu.

Die Buche ist der »Urwald-Baum«
Wirklich alten Wald, der durch die Menschen nur relativ geringfügig beeinflußt wurde, finden wir heute noch in den sogenannten »Königlichen Holzungen« (Heinköpen nördlich von Wilsede, Meninger Holz östlich von Undeloh, Ober- und Niederhaverbecker Holz). Es handelt sich hierbei um alte Bannwälder, die dem Landesherrn gehörten. Diese »Königlichen Holzungen« waren von der üblichen Nutzung durch die Bauern (Waldweide, Brennholz) meist ausgenommen; nur vereinzelt wurde Bauholz geschlagen oder das herabgefallene Laub als Einstreu für das Vieh genutzt. Wahrscheinlich wurde dabei die Eiche gefördert, um Bauholz zu erhalten. Die natürliche Vegetation konnte sich gegenüber den anderen Flächen relativ ungestört weiterentwickeln. Teilweise hat sich naturgemäß die Buche durchgesetzt und bildet heute kleinflächig reine Bestände, da sie aufgrund ihrer besonders dichten Belaubung auch bei starker Sonneneinstrahlung kaum Licht bis an den Boden durchdringen läßt und somit alle anderen Baumarten ausdunkelt. Diese Waldbestände sind sehr naturnah und wurden deshalb in einigen Teilbereichen vollends aus der Nutzung genommen, ein Holzeinschlag findet dort nicht mehr statt. Dies ist jedoch nicht für alle derartigen Be-

stände sinnvoll, da ihre unbeeinflußte weitere Entwicklung möglicherweise zum Zusammenbruch dieses hier so seltenen und deshalb auch so wichtigen Wald-Ökosystems führt.

Ein reiner Buchenwald bekommt ein hallenförmiges Aussehen, das mit der Bezeichnung »Waldesdom« passend charakterisiert ist. Lange, graue Buchensäulen tragen ein alles verdunkelndes Blätterdach, das den Boden etwa siebenfach überdeckt und selbst die Verjüngung der eigenen Art verhindert. Stirbt die Buche im Alter von 250 bis 300 Jahren, so entsteht nach der relativ schnellen Vermoderung ein Loch im Blätterdach, das eine für die umstehenden Bäume ungewohnt hohe Sonneneinstrahlung ermöglicht. Sie läßt die Rinde der benachbarten Buchen platzen, diese sterben nun ihrerseits ab und vergrößern so die bedrohliche Einstrahlung. In wenigen Jahren kann auf diese Weise ein Buchen-»Urwald« auf natürliche Weise verschwinden. Bei einer neuen Waldbesiedlung ist die in der Jugend langsam wachsende Buche anderen Baumarten gegenüber benachteiligt und spielt möglicherweise für mehrere Waldgenerationen nur noch eine untergeordnete Rolle. Ließe man also diesen im Grunde natürlichen Ablauf der Waldentwicklung überall zu, so ergäbe sich wahrscheinlich mittelfristig eine Verringerung des Buchenanteils in unserem Gebiet. In den alten Buchenwäldern des Naturschutzgebietes ist heute oft zu beobachten, daß in der nachwachsenden Baumschicht die Fichte dominiert.

Eine Verringerung des Buchenanteils im Gebiet sollte aber verhindert werden. Alte Buchenbestände bieten besonders Dohlen, Staren, Hohltauben, Spechten und Meisen einen idealen Lebensraum; mehr als die Hälfte aller hier vorhandenen Vogelbrutpaare gehören zu diesen Höhlenbrüterarten. Um sie zu schützen und ihren Lebensraum zu erhalten, werden diese naturnahen Buchenwälder in vielen Fällen mittels Durchforstungen gepflegt. Einzelne Baumindividuen werden in ihrer Vitalität gestärkt, und somit wird der gesamte Waldbestand in seiner Stabilität gefördert. Gleichzeitig kann die Verjüngung der Buche gefördert, die anderer Baumarten jedoch behindert werden; besonders die Anteile der Fichte können somit reguliert werden.

Die Kiefer bildet den »Lüneburger Wald«

Abgesehen von den wenigen alten Buchen- und Eichenwäldern gibt es hauptsächlich »junge« Wälder. Vor etwa 100 bis 150 Jahren war die Heidebauernwirtschaft am Ende, die Heideflächen waren (nach wirtschaftlichen Gesichtspunkten) zu nichts mehr nütze. Kiefernsamen flog auf den nicht mehr beweideten Heideflächen an. »Und der Rest des Hofes, die abgelegenen Koppeln, zeigen ohne Schafhaltung bald dichten Kiefernanflug, welcher mit grüner Welle über das braune Heidekraut dahinleckt, um es nach kurzem Ringen unter sich zu begraben. Aus der Lüneburger Heide wird der Lüneburger Wald« schreibt der »Heidepastor« Wilhelm Bode. Einige Jahre vorher (1905) heißt es bei Richard Linde: »Vielfach sind die Schnucken abgeschafft worden, und wo diese Waldverwüster fehlen, schießt überall Anflugwald empor ...«. Es ist also falsch, abfällig von den »Kiefernforsten« im Naturschutzgebiet Lüneburger Heide zu reden: Zumindest ein Teil dieser Wälder ist natürlichen Ursprungs und würde sich auch heutzutage so entwickeln, wenn die Heideflächen nicht mehr gepflegt würden. Kiefern waren an und in den Mooren, die durch die Schnucken nicht beweidet werden konnten, immer vorhanden, wie sich anhand der Ergebnisse pollenanalytischer Untersuchungen zeigen läßt. Diese Kiefern kümmerten aufgrund der schlechten Nährstoffversorgung, brachten keinen Zuwachs, waren also auch für den Menschen (Brennholznutzung) nicht interessant. Noch heute findet man in den Heidemooren Kiefern, die mit über 70 Jahren kaum eine Höhe von drei bis vier Metern erreichen. Von diesen Refugien aus konnte die Kiefer die weiten Heide- und Wehsand-Bereiche wieder besiedeln. Natürliche Kiefernwälder sind in großen Bereichen des Naturschutzgebietes Lüneburger Heide vorhanden; da sie zum Ende der Heidebauernwirtschaft entstanden, sind sie jetzt etwa 100 bis 150, zum Teil bereits annähernd 200 Jahre alt. Teilweise wurden diese Altkiefern in den letzten Jahrzehnten abgeholzt und dann oft durch Douglasienkulturen ersetzt. Dies ist bedauerlich, da hierdurch ein Teil der im Laufe der Waldentwicklung schon besser strukturierten, also ungleichaltrigen und

Urwald in erster Generation – die Kiefer hat vor kaum 100 Jahren diesen Wehsandbereich wiederbewaldet.

mehrschichtigen Wälder durch eine gleichförmige Pflanzung ersetzt wurde, die dazu auch noch aus einer fremdländischen Baumart besteht, welche nicht zum Naturinventar der Lüneburger Heide gehört.

Aus Naturschutzsicht sinnvoller ist es, die Entwicklung des Waldes nicht mit Kahlschlägen und Kulturen zu forcieren, sondern mehr auf die Kräfte der Natur zu setzen. Denn auch dies bedeutet nicht, daß die großflächig vorhandene Kiefer für alle Zeiten die einzige Baumart in diesem Gebiet bleiben wird. Diese tiefwurzelnde Baumart holt aus bis zu etwa sieben Metern Tiefe Nährstoffe aus dem Boden und gibt sie über die Nadelstreu wieder in die obersten Bodenschichten ab. Somit wirkt sie wie eine Nährstoffpumpe und bereitet den Boden für andere, anspruchsvollere Baumarten vor. Schon in der zweiten Waldgeneration kann bei guten Bodenverhältnissen bereits das Laubholz einen gewissen Anteil übernehmen. Auf armen Böden, zum Beispiel den ehemaligen Wehsandgebieten zwischen Döhle und Wilsede, sowie bei zu hohen Wildbeständen wird allerdings sogar die dritte Waldgeneration natürlicherweise noch aus einem fast reinen Kiefernbestand gebildet.

Doch nicht nur die Natur legte Kiefernwälder in der Heide an. Auch künstlich angepflanzte Bestände gibt es auf großen Flächen: 1862 kam ein Gutachten über die zukünftige Nutzung der Heideflächen zu dem Schluß, es sei sinnvoller, diese Flächen in Wald zu überführen. So wurde zum Ende des letzten Jahrhunderts großflächig aufgeforstet. Dabei griff man hauptsächlich auf die Kiefer zurück: Im Gegensatz zu den meisten Laubbäumen blüht die Kiefer jedes Jahr stark, so daß Saatgut sehr leicht zu beschaffen ist. Mindestens ebenso wesentlich für die Wahl dieser Baumart war die Beobachtung, daß auch die Natur die Heideflächen fast immer mit Hilfe der »Pionierbaumart« Kiefer wieder in Wald verwandelt.

Also wurden diese Forsten zwar in unnatürlich engen Pflanzverbänden, jedoch mit der richtigen Baumart angelegt. Eine Aufforstung etwa mit Eichen wäre auf dem für diese Baumart zu kargen Heideboden nicht nur unwirtschaftlich, sondern auch nach biologischen Gesichtspunkten falsch gewesen; die Eiche ist keine Pionierbaumart für die Erstbesiedlung von Heideflächen. Sie braucht den Schutz eines lockeren Vorwaldes, der sich kleinklimatisch günstig auf ihr Wachstum auswirkt, zum Beispiel durch geringere Frostgefährdung im Mai, wenn ihre Knospen aufbrechen.

Häufigste Vögel in Kiefernwäldern sind Buchfink, Wintergoldhähnchen und Tannenmeise. Bei Vorhandensein einer Strauchschicht tritt der Fitis hinzu, bei den Stangenhölzern, also Bäumen mit 15 bis 20 Zentimetern Durchmesser und um 10 bis 15 Metern Höhe, das Rotkehlchen und ab einem gewissen Totholzanteil (von Bedeutung sind hier insbesondere nach Durchforstungen liegengebliebene Baumkronen) der Zaunkönig. Typisch für die offenen, stark strukturierten Kiefernwälder auf trockenen Böden ist der Ziegenmelker. In älteren Kiefernwäldern findet sich der Rauhfußkauz, die neben dem Waldkauz inzwischen wohl häufigste Eulenart des Gebietes. Der Rauhfußkauz, der bundesweit als gefährdet eingestuft wird, traf erst nach dem Heranwachsen ausgedehnter Nadelwaldungen passende Lebensbedingungen an. In den kleineren Hofgehölzen und auch in den königlichen Holzungen kommt er nicht vor; wahrscheinlich wird er dort vom Waldkauz vertrieben.

Von der Erst-Aufforstung zum naturnahen Wald

Als zweite Baumart wurde bei den großen Aufforstungen um die Jahrhundertwende die Fichte verwendet, wenn auch in geringerem Maße als die Kiefer. Noch weniger als die Kiefer vermag es die Fichte, mit ihren Wurzeln die auf alten Heideflächen in etwa 40 Zentimetern Tiefe zu findende Ortsteinschicht (siehe Kapitel Begriffserklärungen S. 220) zu durchdringen. Deshalb wurden die meisten der zur Aufforstung vorgesehenen großen Flächen tiefgepflügt.

Nördlich des Eickhofes bei Niederhaverbeck finden sich bis hin an den Fuß des Wilseder Berges Rinnen im Gelände, die jeweils etwa fünf Meter voneinander entfernt liegen. Dies sind die Spuren der Pflugschar des damals eingesetzten Dampfpfluges. Im

Nur langsam wandern auf armen Böden andere Baumarten in den Kiefernwald ein; hier zeigen sich nach über 150 Jahren die ersten Fichten.

Sinne der Schaffung großer, zusammenhängender Heideflächen (von Bedeutung für die Wandermöglichkeiten vieler bedrohter Tier- und Pflanzenarten) wurde ein großer Teil dieses Waldes inzwischen wieder entfernt. Stehengeblieben sind jedoch die Waldränder, die damals mit Eichen bepflanzt wurden. Man kann sich vorstellen, wie schlecht der Heideboden für eine Erstaufforstung mit Eichen geeignet ist, wenn man bedenkt, daß diese Eichen-Reihen bereits um 1900 gepflanzt wurden.

In den Fichtenwäldern kommt neben dem Wintergoldhähnchen auch das Sommergoldhähnchen vor, das im Kiefernwald fast durchgängig fehlt; invasionsartig als Wintergäste, in einigen Jahren wahrscheinlich auch als Brutvögel, finden sich Kreuzschnäbel ein.

Für das Gebiet des heutigen Naturschutzgebietes Lüneburger Heide lassen sich drei Aufforstungsperioden unterscheiden: zuerst die Aufforstungen nach dem Ende der Heidebauernwirtschaft, dann die nach den Übernutzungen im Zuge des Zweiten Weltkrieges aufgrund des hohen Bau- und Brennholzbedarfs und der »Reparationshiebe« und in jüngerer Zeit die Aufforstungen nach dem großen Sturm vom November 1972. Infolgedessen sind große Komplexe gleichartiger und gleichaltriger Bestände vorhanden, die mittels forstlicher Maßnahmen in naturnähere Wälder umgeformt werden sollen. Es liegt in der Natur der nach menschlichen Maßstäben langlebigen Waldökosysteme, daß sich solche Umwandlungen nicht in wenigen Jahren, sondern in Jahrzehnten oder eher noch Jahrhunderten vollziehen; die aus der Not geborenen waldbaulichen Anstrengungen unserer Vorfahren, die großflächigen Aufforstungen mit Nadelholz, werden noch nach Generationen zu sehen sein. Aus diesem Grunde darf man solche Bestände auch nicht nur nach heutigen Anforderungen an den Naturschutz beurteilen, sondern muß sie aus der Geschichte zu verstehen und nachzuvollziehen versuchen.

Die heute angestrebte Umformung der vorhandenen Nadelwälder in Laubwälder orientiert sich in erster Linie an Abläufen in der Natur, wird aber teilweise durch forstliche Maßnahmen beschleunigt. Über einen langen Zeitraum gesehen, also über Jahrhunderte bis Jahrtausende, würden sich in Abhängigkeit von Boden- und Klimaverhältnissen verschiedene Waldgesellschaften herausbilden. In unserem Gebiet wären dies meist Buchenwälder mit unterschiedlich starken Beimischungen anderer Baumarten. Diese Waldentwicklung, die Sukzession hin zur sogenannten »potentiell natürlichen Waldgesellschaft«, kann je nach vorhandenem Waldbestand durch unterschiedlich starke Eingriffe gefördert werden, sei es durch ein Unterpflanzen des Bestandes mit den gewünschten Baumarten, sei es durch eine Durchforstung, um mehr Licht an den Boden zu lassen und den durch Vögel herangetragenen Baumsamen eine Chance zum Keimen und Wachsen zu geben, sei es durch weitere, speziell auf den jeweiligen Bestand ausgerichtete Maßnahmen. Für jeden einzelnen Bestand, zum Teil sogar für Kleinstflächen von weniger als einem Morgen Größe (2.500 m^2), wurden für die Wälder in Staatsbesitz, im Besitz des Vereins Naturschutzpark und zum Teil auch für die Wälder des Hannoverschen Klosterfonds nach Daten aus einer speziellen Waldbiotopkartierung Pflege- und Entwicklungskonzepte erarbeitet.

So werden sich die zum Teil noch recht eintönig wirkenden Wälder in kürzerer Frist – mit menschlicher Hilfestellung – zu einem natürlichen Wald entwickeln. Allerdings wird nicht auf alle Wälder in dieser Weise Einfluß genommen. Es gibt Flächen, die sich – abgesehen von den Einwirkungen aufgrund der atmosphärischen Stoffeinträge durch Luftverschmutzung – vom Menschen unbeeinflußt weiterentwickeln. Diese Bereiche stellen nicht nur Refugien für bestimmte Tier- und Pflanzenarten dar, sie sollen unter anderem auch dazu dienen, das Wissen, das die Forschung von der natürlichen Waldentwicklung in diesem Gebiet hat, immer wieder zu korrigieren, um möglicherweise falsch gesteuerten Entwicklungen – zum Beispiel bei der Baumartenwahl in Wirtschaftswäldern – früh genug entgegenwirken zu können.

Einige bereits jetzt naturnah entwickelte Waldbestände sind zu »Naturwäldern« erklärt worden. Der Naturwald »Ehrhorner Dü-

Der Stühbusch, auch Eichenkratt genannt, diente der Brennholzerzeugung. Immer wieder wurden diese Bäume abgeschlagen, »auf den Stock gesetzt«, immer wieder schlugen sie neu aus. Vielfach sind die Wurzelstöcke dieser krummen Bäumchen deshalb älter als die mancher dicken Hofeiche.

Der Hutewald wurde nicht für die Holzerzeugung, sondern für die Heranzucht von Eicheln und Bucheckern als eiweißreiche Nahrung für das Vieh angelegt. Die Buche (glatte Rinde) als Baumart, die mit wenig Licht auskommt, zeigt immer noch die dichte Verzweigung an der früheren Schnittfläche, während bei der Eiche (rauhe Borke) die im Wuchs zurückgebliebenen Äste wegen des Lichtmangels längst abgestorben sind; nur noch eine dickere Stelle am Stamm zeugt von der früheren Schnittstelle.

nen« (etwa 60 ha) war um 1776, als mit der »Kurhannoverschen Landesaufnahme« die erste genaue Karte erstellt wurde, zum größten Teil ein von vegetationslosen Binnendünen geprägtes Gebiet. Kiefern wurden gepflanzt, um diesen wehenden Sand festzuhalten. Ziel der Forstleute war es, gerade auf diesen problematischen Standorten eine dauernde Bestockung mit Wald zu erhalten, um den Boden nicht wieder in Bewegung zu bringen. So entstand hier ein arten- und strukturreicher Waldbestand. Der Naturwald »Meninger Holz« (etwa 65 ha) war zu einem großen Teil »Königliche Holzung«, wurde also lange Zeit nur relativ gering durch menschliche Maßnahmen beeinflußt. Um 1800 wurde das Gebiet jedoch kahlgeschlagen und danach gleich wieder mit Kiefern aufgeforstet. Die wenigen verbliebenen Eichen und Buchen aus Stockausschlag sowie deren Nachkommen beherrschen heute wieder das Waldbild. Der Naturwald »Bullenberge« (etwa 85 ha) soll die vom Menschen unbeeinflußte Sukzession eines Kiefernwaldes zeigen.
Als weitere sehr naturnahe Waldform sei hier der bachbegleitende Erlenbruchwald erwähnt, auf den im Kapitel über die Feuchtgebiete noch genauer eingegangen wird. Da bei Stürmen immer wieder einzelne Erlen aufgrund der relativ geringen Standfestigkeit im nassen Untergrund umfallen, entwickeln sich solche Erlenbruchwälder sehr strukturreich. Entsprechend hoch sowohl in bezug auf die Arten- als auch auf die Individuenzahl ist der Vogelbestand.

Kulturhistorische Waldbewirtschaftungsformen
Schließlich sollen noch einige besondere, durch menschliche Bewirtschaftung entstandene Waldformen im Naturschutzgebiet Lüneburger Heide dargestellt werden. Da die Heide eine Kulturlandschaft ist, erscheint es nur logisch, in bestimmten Maßen auch Kulturdenkmäler zu pflegen und zu erhalten. Hierzu zählen nicht nur bestimmte Bauwerke und Höfe, sondern auch land- und forstwirtschaftliche Besonderheiten.
Als erstes seien die Stühbüsche genannt, die auch als Eichenkratts bezeichnet werden und in der Form des Niederwaldes*

bewirtschaftet wurden. Alle 20 bis 30 Jahre wurden diese aus Traubeneichen bestehenden Wälder im Kahlschlagbetrieb zur Brennholzerzeugung genutzt. Die Eichen schlugen dann aus dem Stock wieder aus und ergaben sehr krumme, mehrstämmige Baumgestalten. Diese Behandlung wurde mehrfach wiederholt; das Wurzelwerk mancher Kratteiche ist somit älter als das der viel dickeren Eichen der Hofgehölze. Kratteichen finden sich in größeren Beständen im Bereich nördlich des Hofes Wulfsberg. In früheren Zeiten war die Nutzung von Bauholz relativ unbedeutend. Wie heute noch in vielen Teilen der Erde, wurde vor der Einführung von Kohle als Heizstoff auch in Mitteleuropa fast die gesamte Holzernte für die Brennholzerzeugung benötigt.

Die Hutewälder bezeugen eine weitere Nutzungsform der Waldgebiete durch unsere Vorfahren. Hutewälder waren eine Weiterentwicklung der Waldweide. Die beiden Baumarten Eiche und Buche, die sehr nährstoffreiche Samen liefern, wurden in recht weiten Abständen gepflanzt und nach etwa 20 Jahren in zwei bis drei Metern Höhe geköpft. Der Baum trieb in dieser Höhe dann mit mehreren Zweigen wieder aus. Dadurch ergab sich eine breite Krone, der Baum erlangte früher die Blühreife und warf bereits mit etwa 40 statt wie im Wald mit etwa 70 Jahren große Mengen von Eicheln bzw. Bucheckern ab, eine eiweiß- und fettreiche Nahrung für Schweine und anderes Vieh während des Winters. Deshalb beschreiben die Begriffe »Vieh*mast*« und die »*Mast*jahre« bei Buchen und Eichen im Grunde dasselbe. In geringerem Umfang wurden die Buchen und wahrscheinlich auch andere Baumarten geschneitelt, das heißt die Zweige wurden geerntet und zur Viehfütterung genutzt. Kiefernzweigen bzw. de-

* Niederwald ist ein Wald, in dem die Bäume nur ein geringes Alter erreichen und nach einigen Jahren als Brennholz genutzt werden; Hochwald ist ein Wald, der zur Erzeugung von Baumstämmen stärkerer Durchmesser und Längen (Bauholz) viele Jahrzehnte bis Jahrhunderte wachsen soll. Niederwald stammt aus Stockausschlag, Hochwald aus Kernwüchsen, also aus Samen. Auch eine Eichenpflanzung, die in Zukunft starke Stämme liefern soll, ist also Hochwald. Während früher der Niederwald große wirtschaftliche Bedeutung hatte, gibt es heutzutage in der Bundesrepublik praktisch nur noch Hochwald.

ren Rinde wird dabei eine wurmtötende Wirkung nachgesagt; sie wurden also von den Schäfern als Arznei eingesetzt.
Wie wichtig diese Art der Waldnutzung für das Vieh in früheren Zeiten gewesen ist, zeigt sich auch an einem »domesday book«, dem Vorläufer des Grundbuches, zur Zeit König Williams des Eroberers im Jahr 1084. Dort wird die Größe der Wälder weder nach Flächen noch nach Holzmenge, sondern nach der Zahl der darin zu ernährenden Schweine angegeben. Ein Hutewald-Rest aus Eichen und Buchen ist in Wilsede an der Straße nach Döhle/Volkwardingen zu sehen.
Die Hofgehölze rund um die Heidehöfe bestehen hauptsächlich aus Eichen und Buchen. Sicherlich hat dies zum Teil damit zu tun, daß dort gesiedelt wurde, wo diese Baumarten wegen des fruchtbaren Bodens besonders gut wuchsen. Gleichzeitig boten sie guten Wind- und Sichtschutz. Zusätzlich konnten die Eichen bei Bedarf an Bauholz sehr nah am Hofe, also ohne große Transportprobleme, genutzt werden, und beide Baumarten waren, wie bereits ausgeführt, für das Viehfutter wichtig.
Zum Erhalt dieser charakteristischen Hofgehölze sind Eingriffe nötig, um den immer größer und breiter werdenden Bäumen, die sich schließlich in der Krone bedrängen und sich damit gegenseitig das Licht wegnehmen, wieder mehr Luft und somit Wachstumsmöglichkeiten zu geben, sie also in ihrer Vitalität zu stärken. Nur so kann auf längere Sicht ein solches Hofgehölz erhalten werden.
Typische Vögel der älteren Hofgehölze sind die Laubsänger, Grasmücken, Meisen, Dohlen und Hohltauben. Auch der Wendehals hält sich gerne im oder am Rande von offenen Hofgehölzen auf; die ähnlich offenen Birkenalleen sind ebenfalls einer seiner bevorzugten Lebensräume. Kleinere Hof- und Feldgehölze sowie Alleen beherbergen zusätzlich den Grünspecht.

Naturschutz und Jagd

Eine Beschreibung der Wälder wäre nicht vollständig, wenn nicht auf das Wild und die Jagd eingegangen würde. Abgesehen von einigen Privatjagdgebieten werden im Naturschutzgebiet nur dann Tiere geschossen, wenn dies der Natur etwas nützt. Im Bereich der kleinen Raubtiere wie Fuchs, Marder, Iltis und ihrer Beutetiere (meist Mäuse, aber auch Junghasen, Kaninchen) ist das Kräftespiel zwischen Räubern und Beute noch der Natur entsprechend ausgewogen. Solange keine Tollwut ausbricht, muß hier nicht eingegriffen werden. Anders sieht es bei dem vorkommenden Schalenwild (Rehe, Hirsche, Wildschweine) aus. Wäre Mitteleuropa vom Menschen unbeeinflußt, so kämen Rehe in dem sich dann ausbildenden Urwald nur in einer Dichte von etwa ein bis zwei Tieren pro 100 ha vor, denn sie sind typische Wald*rand*bewohner. Durch die vielen Wechsel zwischen offenen und geschlossenen Gebieten (auch aufgrund des Ausbaus von Waldwegen) und durch das hierdurch bedingte große Angebot an Büschen haben sich auch im Naturschutzgebiet Lüneburger Heide Rehbestände von oft über zehn pro 100 ha eingestellt. Aufgrund ihrer sehr vielseitigen, naschhaften Ernährung sind diejenigen Pflanzen, die ohnehin seltener sind, besonders stark verbißgefährdet. Somit wird die aus Naturschutzsicht nötige Umwandlung von Nadel- zu Laubwald durch die überzähligen Rehe massiv behindert. Aus ähnlichen Gründen muß auch das Rotwild bejagt werden. Wildschweine sind im Wald eigentlich gern gesehen, verursachen aber große Schäden in der Landwirtschaft. Übermäßige Bestände, wie sie in den letzten Jahren immer wieder zu beobachten sind, werden möglicherweise indirekt durch die Luftverschmutzungen und Klimaveränderungen verursacht: Geschädigte Buchen und Eichen haben jedes Jahr eine »Mast«, also großen Fruchtansatz, bei gesunden Bäumen dieser Arten kommt dies nur in mehrjährigen Abständen vor. Dieses »Notfruchten« bietet den Wildschweinen willkommene fett- und eiweißreiche Nahrung, die sozusagen direkt in Frischlinge umgesetzt wird. Milde Winter und ein immer noch verstärkt betriebener Anbau von Mais, der – anders als die meisten Wälder – gleichzeitig Versteck und Nahrung bietet, tragen das ihrige zur hohen Wildschweindichte bei.

Die wichtigsten Baumarten

Bei einer Kartierung der Wälder des Vereins Naturschutzpark, die zwar nur etwa 900 ha von der 12.500 ha großen Gesamtwaldfläche des Naturschutzgebietes Lüneburger Heide ausmachen, jedoch überdurchschnittlich vielfältig sind, wurden insgesamt 34 verschiedene Baumarten festgestellt. Davon war allerdings der größte Teil nur in sehr geringer Zahl vorhanden. Die wichtigsten Baumarten sollen im folgenden vorgestellt werden.

Die beiden einheimischen *Eichen*arten kommen häufig im Gebiet vor. Dabei bildet die Stieleiche die Hofgehölze, während die Traubeneiche als typische Stühbusch-Eiche und Eiche der Königlichen Holzungen bezeichnet werden kann. Neben einigen Reinbeständen mischt sie sich vielfach mit der Buche.

Die Eiche ist eine der langlebigsten einheimischen Baumarten; sie kann viele Jahrhunderte alt werden, selbst über 1.000jährige Exemplare sind bekannt. Da sie aber als Bauholz stark genutzt wurde, finden sich heute nur noch selten Exemplare, die über 200 bis 250 Jahre alt sind. Schnell gewachsenes Eichenholz ist hart und deshalb für Fachwerk oder Wassermühlenachsen sehr gut nutzbar, langsam gewachsenes, »mildes« Eichenholz ist als Furnier hochgeschätzt. Ganze Städte stehen auf Eichenfundamenten, zum Beispiel Venedig und Amsterdam. Cognac erhält seine braune Farbe durch die Lagerung in Eichenfässern. Weiterhin wurde die Gerbsäure der Eichenblätter und -zweige für die Fellgerberei genutzt.

In den letzten Jahrzehnten wurde auch die Roteiche, eine amerikanische Baumart, hier angepflanzt. Sie wächst schneller als die einheimischen Eichen, hat größere Blätter und zeigt im Herbst eine sehr schöne, dunkelrote Laubfärbung. Als fremdländische Baumart, die nicht zum hiesigen Naturinventar gehört, ist sie allerdings für das Naturschutzgebiet abzulehnen.

Auf fast allen Böden scheint bei den hiesigen, derzeitigen klimatischen Bedingungen die *Buche* den Eichen in Wuchsleistung auf Dauer überlegen zu sein. Die Bezeichnung Rotbuche beruht auf den im Winter rötlich schimmernden Zweigen; die Buche mit den dunkelroten Blättern ist eine Zierform und heißt Blutbuche. Besonders wüchsige Buchenbestände finden sich in Wilsede, im Wald nördlich von Hof Möhr sowie um den Hof Bockheber. Die Buche erreicht Höhen von vierzig Metern, ist in der Jugend ziemlich langsamwüchsig, wächst im Alter um 100 bis 150 Jahre sehr schnell, erreicht aber nur ein Höchstalter von etwa 300 Jahren. Früher wurde die Buche nur als Brennholz genutzt; heute ist es das wohl am vielseitigsten nutzbare Holz: Sperrholz, Spielzeug, Eisenbahnschwellen, die geschwungenen Kaffeehausstühle, Eisstiele – alles ist aus Buchenholz. Die Buche ist auch der häufigste Laubbaum in Deutschland.

Erst vor etwa 2.500 Jahren, also nach der Seßhaftwerdung des Menschen in dieser Region, ist die *Hainbuche* in die Lüneburger Heide eingewandert. Die Hainbuche ist nicht mit der Buche, sondern mit der Birke verwandt. Sie kommt zwar recht selten vor, doch aus alten Ortsbezeichnungen muß man schließen, daß sie auch im Bereich des Naturschutzgebietes natürliche Vorkommen hat. So wurde die heutige Revierförsterei Heimbuch des Forstamtes Sellhorn, früher eine Hofstelle, im Jahre 1292 »Heynboke« geschrieben. Der Name des Forstortes Heinköpen, nördlich von Wilsede gelegen und in staatlichem Besitz, wird durch eine Buchstabenvertauschung erklärt, dürfte also von »Heinböken« abstammen. Vielfach wurde die Hainbuche auch künstlich eingebracht und diente als Grenzbaum an Ackerrändern. Die Hainbuche wird nur selten über 120 Jahre alt und über 20 Meter hoch. Ihr Holz ist recht hell. Sie besitzt das schwerste Holz aller einheimischen Bäume und ist deshalb auch besonders hart. Werkzeuge, Weberschiffchen und Billardqueues werden aus Hainbuchenholz hergestellt.

Auch der *Bergahorn* ist recht selten im Gebiet. Er kommt verstreut – fast nur in Siedlungsnähe – in kleinen Gruppen vor, die zum Teil angepflanzt, zum Teil aber auch aus Naturverjüngung hervorgegangen sind. Aufgrund der hohen Flugfähigkeit des Ahornsamens ist es jedoch denkbar, daß er von den wenigen alten Exemplaren abstammt, die sich in Hofnähe befinden und wohl gepflanzt wurden. Ob die Lüneburger Heide zu seinem natürlichen Verbreitungsgebiet gehört, wurde bisher nicht eindeutig geklärt. Da der Ahornpollen sehr schnell vergeht, ist er in den Moorablagerungen mittels Pollenanalysen nicht nachweisbar. Denkbar ist aber auch, daß der Ahorn in früheren Jahrhunderten mehr oder weniger vollständig ausgerottet wurde, denn er liefert sehr gutes Kohlholz, eignet sich also ausgezeichnet für die Herstellung von Holzkohle. Heute wird eine stärkere natürliche Verjüngung dieser Baumart beobachtet, die möglicherweise in Zusammenhang mit den Stickstoffeinträgen durch die Luftverschmutzung gebracht werden kann. (Stickstoff begünstigt bestimmte Pflanzenarten und kann dadurch das ökologische Gleichgewicht stören.) Der Bergahorn kann über 400 Jahre alt werden. Die Verwendungsmöglichkeiten reichen von Möbeln über Nudelhölzer bis hin zu Geigen. Neben dem Bergahorn finden sich im Naturschutzgebiet Lüneburger Heide auch einzelne Exemplare von Spitzahorn und Feldahorn.

Die *Birke* gehört sicherlich zu den wenn nicht wirtschaftlich, so doch ökologisch wichtigsten Laubbaumarten des Gebietes. Sie ist nicht nur Alleebaum, sondern auch in den feuchteren Bereichen der Kiefernwälder immer zu finden. Sie hat sich auf natürliche Weise in den ohne sie sonst eintönigen Kiefernaufforstungen angesamt. Durch das unterschiedliche Alter der Birken kommt so eine ökologisch wichtige Vertikal- wie auch eine Horizontal-Struktur in diese Wälder. Ihre Laubstreu wirkt bodenverbessernd. Birken werden selten älter als etwa 80 bis 100 Jahre. Aus Birkenblättern hergestellte Tees wirken bei Rheuma- und Nierenleiden. Die Zweige ergeben den Reisigbesen.

Zu den naturnähesten Waldgebieten gehören die mehrfach vorhandenen bachbegleitenden *Erlen*bruchwälder. Zwar wurden auch sie genutzt, wie die häufigen Stockausschläge zeigen, doch sind durch die immer wiederkehrenden kleineren Windwürfe in den feuchten Bachtälern vielfältige Strukturen entstanden. Ein besonders imposantes, fünfstämmiges Exemplar einer Erle steht am Wilseder Bach in der Höhe des Dora-Hinrichs-Wegs. Aus Erlenholz wurden früher Holzschuhe und Brunnentröge hergestellt, heute ist es wegen der guten Beizbarkeit für Bilderrahmen und für die Restauration alter Möbel beliebt.

Offensichtlich aufgrund der hohen Stickstoffeinträge durch Luftverschmutzung hat sich auch die *Vogelbeere* (Eberesche) innerhalb der beiden letzten Jahrzehnte praktisch auf jeder Waldfläche mit ausreichendem Lichtdurchlaß natürlich angesamt. Dieser Lichtdurchlaß dürfte neben den heute üblichen stärkeren Durchforstungen zu großen Teilen durch den Luftschadstoffeintrag entstanden sein, der zu einer Schwächung der Altbäume und anschließender Kronenverlichtung führt. Die Kompensationskalkung kranker Waldbestände verbesserte die Bedingungen für die Vogelbeere noch weiter.

Reetdächer werden auch heute noch mit Reisern der Vogelbeere befestigt. Eine so genutzte Fläche findet sich auf dem Suhorn, westlich von Niederhaverbeck. Ökologisch bedeutsam ist diese Baumart in großen Kiefern- und Fichtenkomplexen, denn dort ist sie neben der Birke oft der einzige Laubbaum.

Als für Mitteleuropa fremde Baumart stellt die in den Klosterforsten im Süden, Nordwesten und Norden sowie in den Privatwäldern rund um das Naturschutzgebiet eingebrachte, aus Nordamerika stammende *Spätblühende Traubenkirsche* ein großes Problem dar, besonders für die Kiefernwälder. Diese Kirschenart hat nur geringe Nährstoffansprüche, wächst also auf armen Sanden und war wegen ihrer Blütenpracht bei der Waldrandgestaltung aus ästhetischen Gründen gepflanzt worden. Zusätzlich bildete sie dichten Unterwuchs und gab so dem Niederwild wie Hasen Schutz vor Raubtieren. Sie fruchtet schon im Alter von wenigen Jahren, vermehrt sich überall extrem schnell und unterdrückt damit die natürlich vorkommenden Pflanzenarten, verändert also die natürliche Konkurrenzsituation erheblich. Besonders an der Westgrenze des Naturschutzgebietes ist sie recht häufig. Für den Schutz der für hiesige Verhältnisse natürlichen Pflanzengesellschaften und ihrer Sukzessionsformen muß versucht werden, die Traubenkirsche vollständig zu roden.

Robinien finden sich hauptsächlich in den Hofgehölzen (Tütsberg) und an Straßenrändern (Barrl, Niederhaverbeck). Wahrscheinlich ist die Robinie von Imkern angepflanzt worden, die eine stark blühende Baumart für ihre Bienen brauchten.

Die *Kirsche* und die anderen Wildobstarten (Birne, Apfel) sind nur recht selten anzutreffen, vorwiegend an Wegrändern; sie wurden möglicherweise hauptsächlich von Wanderern »gesät«, die ihre Obstreste weggeworfen haben.

Die *Stechpalme* (Hülse, Ilex) ist vereinzelt unter Kiefer und Eiche zu finden, in Beständen bei Wilsede und westlich des Eickhofes auch mehr oder weniger geschlossen. Es handelt sich hierbei um eine immergrüne Laubbaumart, die in unserer Gegend ihre östliche Verbreitungsgrenze hat. Die Hülse wehrt sich gegen Wildverbiß durch sehr spitzrandige Blätter, wird aber im Mai, wenn die Blätter noch weich sind, gerne vom Rehwild angenommen. Ab einer Höhe von etwa drei bis vier Metern sind diese spitzen Zacken dann nicht mehr vorhanden; dort kann auch bei hoher Schneelage kein Pflanzenfresser mehr heran.

Andere Laubbaumarten kommen aufgrund der meist nährstoffarmen Heideböden nur auf kleinen Flächen vor. Es finden sich, größtenteils von Menschen angepflanzt, die Esche, die Linde (als Alleebaum), die Ulme, dazu auch Roßkastanie, Walnuß und viele weitere Arten.

Häufigste Baumart der Lüneburger Heide ist die *Kiefer*, auch Föhre genannt. Namen wie die »Döhler Fuhren« weisen auf sie hin. Auch wenn die Kiefer bis etwa 600 Jahre alt werden soll, so finden sich doch selten über 200 bis 250jährige Exemplare. Im Gebiet der Lüneburger Heide werden Kiefern kaum 30 Meter hoch, erreichen aber andernorts bei besseren klimatischen Bedingungen und hohem Nährstoffangebot auch über 45 Meter. Kiefernholz wird nicht nur zu Möbeln verarbeitet; große Teile des Kiefernstammholzes werden als Bauholz und für Leitungsmasten genutzt. Aus den bei Durchforstungen anfallenden dünnen Kiefern werden Spanplatten hergestellt – etwa 90 Prozent der Spanplatten sind aus Kiefer. Früher wurde dieses Holz wegen seiner »Warnfähigkeit« für den Ausbau von Bergwerksstollen genutzt (»Grubenholz«), da es bei Überlastung vor dem Durchbrechen deutlich knistert.

Die Frage, ob die Lüneburger Heide zum natürlichen Verbreitungsgebiet der *Fichte* gehört, ist pflanzensoziologisch noch nicht eindeutig entschieden. Wenn die Fichte im Laufe der Wiederbesiedelung nach der letzten Eiszeit in diese Gegend gekommen ist, so hat sie wahrscheinlich an den Rändern der Hochmoore und an anmoorigen, nährstoffarmen Oberläufen der Heidebäche in den Moorbirken-Erlenbrüchen auch in den Zeiten größter Heideausdehnung (ähnlich wie die Kiefer) überleben können. Ein Grund für das relativ geringe Vorkommen dieser Baumart wäre dann darin zu sehen, daß die Fichte als Weichholz galt und deshalb zur Nutzung ohne Auflagen und Beschränkungen durch den Landesherrn freigegeben war.

Heute vermehrt sich die Fichte durch Naturverjüngung sehr stark; alte Fichtenbestände sind dagegen vom Waldsterben stark betroffen. Durch einige aus Naturschutzsicht auch positiv zu bewertende Sturmwurflöcher im Waldgefüge erhalten jetzt junge Bäume mehr Licht und damit die Chance, aufzuwachsen. Die Gleichaltrigkeit wird somit aufgehoben, der Strukturreichtum dieser Bestände erhöht sich. Die Fichte liefert neben der Kiefer heute das wichtigste Bauholz (Dachstühle).

Vereinzelt stehen in Hofnähe (Möhr, Heidetal) ältere *Douglasien* aus der Zeit kurz nach der Jahrhundertwende. Zur Aufforstung von Kahlflächen nach dem starken Sturm vom November 1972 wurden großflächig Douglasienkulturen angelegt. Somit wird auf weitere, mindestens etwa 100 Jahre hinaus die natürliche Waldentwicklung durch diese nordamerikanische Baumart beeinflußt und verfälscht. In einem Naturschutzgebiet sollte jedoch die natürliche Entwicklung der Wälder mit heimischen Baumarten erfolgen. Deshalb wird die Douglasie heute hier nicht mehr gepflanzt. Letzteres gilt ebenso für andere, nicht heimische Baumarten wie die Strobe oder Weymouthkiefer sowie verschiedene nordamerikanische Tannenarten.

Auch die beiden *Lärchen*arten (Europäische und Japanische Lärche) gehören nicht zu den in der Lüneburger Heide heimischen Arten. Lärchennadeln liefern zudem eine sehr schlecht zersetzbare Streu; schon allein deshalb sind Lärchenbestände, besonders Reinbestände, ökologisch bedenklich, sofern sie nicht wie zum Beispiel im Engadin natürlichen Ursprungs sind. Sie wurden früher aufgrund ihrer recht hohen Wuchsleistung aus wirtschaftlichen Gründen angebaut. Lärchenbestände werden heute durch Unterpflanzungen in Buchenwälder überführt.

Moore

Moore sind amphibische Landschaften – sie sind weder Wasser noch Land. Früher wurden sie von den Menschen für Wohnsitze von Göttern und Geistern gehalten. Das Unheimliche, das von den Mooren ausgeht, kommt besonders eindrucksvoll in Annette von Droste-Hülshoffs bekanntem Gedicht »Der Knabe im Moor« zum Ausdruck. Der Volkskundler Bechtluft schreibt:
»Moore erscheinen zunächst nicht so sehr als Landschaften der Geschichte, vielmehr als Ursprung des Sagenhaften im Verständnis der Menschen aller Zeiten. Auf dem festen Land gelegen, ist das feuchte Moor – nicht Erde, nicht Wasser – ein den menschlichen Sinnen Ungewöhnliches, worum sich ein Duft von Sage und Lied sammelt.«
Die größeren Moore des Naturschutzgebietes sind Hochmoore oder Regenmoore. Die Ökologie von Hochmooren bezeichnet der Geobotaniker Heinz Ellenberg folgendermaßen:
»Jedes echte Hochmoor ist ein Mikrokosmos, der diesen Namen eher verdient als etwa ein See. Denn sein Wasser verdankt es nur den Niederschlägen, und seine Nährstoffe werden gleichfalls nur aus der Luft herangeführt, während alle anderen Moortypen ebenso wie Gewässer auf Zuflüsse aus dem Grund- und Oberflächenwasser der Umgebung angewiesen sind. […] Das typische Hochmoor liegt wie ein breiter Kuchen über einem verlandetem See oder über versumpftem Mineralboden und bildet einen mooreigenen, vom Grundwasser der Umgebung völlig unabhängigen Wasserspiegel aus. Das ist auch dort der Fall, wo sich das Hochmoor noch nicht deutlich sichtbar über seine Ränder emporwölbt, so daß es zunächst nur an seiner eigenartigen Vegetation als solches erkannt werden kann.«
Ihr Wachstum verdanken die Regenmoore den Torfmoosen, die mit erstaunlich wenig Nährstoffen auskommen können. Sie speichern wie ein Schwamm erhebliche Wassermengen und he-

ben sich mehrere Zentimeter über den Wasserspiegel empor. Während die Spitzen ständig nach oben zum Licht hin weiterwachsen, sterben die älteren Teile der Moospflanzen ab. Diese tote pflanzliche Substanz wird kaum zersetzt, weil die dazu notwendigen Mikroorganismen in dem sauren und nährstoffarmen Milieu unter dem Torfmoosrasen nicht gut leben können. Aus dem unzersetzten pflanzlichen Material bauen sich Torfe auf. Das Wachstum der Torfmoose kann von wenigen Zentimetern bis zu 50 Zentimetern jährlich reichen. Da die abgestorbenen Pflanzenreste später zusammengepreßt werden, dauert die Bildung von einem Zentimeter Torf etwa 20 Jahre.
Weil sich im Torf keine Zersetzungsprozesse mehr abspielen, halten sich organische Substanzen wie Holz, Hüllschichten von Farnsporen und Pollenkörner über Jahrtausende. Unsere Moore sind daher die wichtigsten »Archive« der nacheiszeitlichen Vegetationsgeschichte. Moore hatten in den vergangenen Jahrhunderten in Nordwestdeutschland eine ähnlich weite Verbreitung wie Heidegebiete. Seitens des Naturschutzes wurden sie jedoch noch stiefmütterlicher behandelt als jene. Insofern kennzeichnet es den fortschrittlichen Geist der Gründer des Naturschutzgebietes Lüneburger Heide, daß auch größere Moorflächen mit aufgenommen wurden.
In den nachfolgenden Jahrzehnten wurden noch weitere Moore zu Naturschutzgebieten erklärt, was jedoch die fortschreitende Beschädigung durch Entwässerung und Torfabbau nicht verhindern konnte. An der fortschreitenden Zerstörung von Mooren änderte auch das Anfang der 80er Jahre von der Niedersächsischen Landesregierung beschlossene Moorschutzprogramm nichts, zumal es in der Regel nicht in bestehende Abbauverträge eingegriffen hat. Intakte Regenmoore, die ehemals einen besonders charakteristischen und weitverbreiteten Landschaftstyp in Nordwestdeutschland darstellten, sind deshalb so gut wie vollständig verschwunden. Das Moorschutzprogramm hat jedoch zahlreiche mehr oder weniger degradierte Moore für die Renaturierung sichergestellt. Zuvor zerstörte Moore sollen nun mühsam wiederbelebt werden.

Auch die größeren Moore des Naturschutzgebietes – das Pietzmoor, das Freyerser Moor, das Moor bei Möhr und das Bockheberer Moor – wurden beeinträchtigt. Das Pietzmoor hat seit dem 16. Jahrhundert den wenigen umliegenden Höfen und Ortschaften zur Brenntorfgewinnung gedient. Dieser bäuerliche Handtorfstich blieb bis Mitte des 18. Jahrhunderts ein ökologisch unbedeutender Eingriff, weil nur geringe oberflächliche Entwässerung erfolgte und nur kleine Flächen abgetorft wurden. Für die Vielfalt des Lebensraums »Regenmoor« wirkten sich diese Maßnahmen sogar positiv aus, das Birkhuhn fand zum Beispiel erst dadurch besonders günstige Verhältnisse vor.
Seit 1857 erfolgte jedoch eine planmäßige Entwässerung und Ausbeutung des Pietzmoores. Im Rahmen der Gemeinheitsteilung wurden die verschiedenen Moorparzellen jeweils einem Eigentümer und einem Torfabbauberechtigten zugeteilt. Es kam zur Anlage von tiefen Entwässerungsgräben und von Dämmen zum Abtransport des Torfs. Nach dem Zweiten Weltkrieg wurde der Südteil des Pietzmoores wieder aus dem Naturschutzgebiet herausgenommen. Danach zeitweise sogar industriell betriebener Torfabbau mußte wegen mangelnder Rentabilität bald wieder eingestellt werden. 1960 waren bereits 20 bis 25 Prozent des Pietzmoores abgetorft. Heidschnuckenbeweidung hatte die Moorflächen weitgehend offengehalten. Erst nach Aufgabe der privaten Heidschnuckenhaltung in diesem Gebiet bildeten sich auf der ausgetrockneten Oberfläche Birken- und Kiefernpionierwälder. Die zunehmende Verbuschung führte zum Verschwinden moortypischer Tierarten. Die Lebensraumbedingungen in den Randbereichen des Moores verschlechterten sich aufgrund der Intensivierung der Landwirtschaft und der Aufforstung von Moor- und Heideflächen.
Auch im Moor bei Möhr und im Bockheberer Moor war es zu Entwässerungsmaßnahmen und zu Handtorfstich gekommen. Eine größere Torfmenge wurde dort während der 30er Jahre entnommen, als man in erheblichem Umfang Humusstoffe zur Aufbereitung des Bodens für die Anlage der Grünflächen eines Militärflugplatzes in Reinsehlen benötigte.

Mitte der 70er Jahre wurde mit Renaturierungsarbeiten im Pietzmoor, später auch im Moor bei Möhr und im Bockheberer Moor begonnen. Die Maßnahmen zielten darauf ab, den natürlichen Wasserhaushalt der Moore wiederherzustellen. Alles andere wurde der so in Gang gekommenen natürlichen Entwicklung überlassen. Im Pietzmoor läßt sich zur Zeit sehr anschaulich eine Übergangssituation beobachten. Die Torfstiche füllen sich mit Wasser und der Anflugwald stirbt großflächig ab. Die Überreste der abgestorbenen Bäume geben dem Moor ein bizarres Aussehen. In den Torfstichen beginnt neues Torfmooswachstum. Die Torfmoose können sich an den Gehölzresten anhaften und so bilden sich ständig ausbreitende Inseln. Windgeschützte Lagen sind bereits gänzlich mit Torfmoosen überwachsen, exponierte Lagen mit stärkerem Wellenschlag beinhalten noch große offene Wasserflächen. Auf den Torfmoosen siedeln sich weitere moortypische Pflanzen an, wie Schmalblättriges Wollgras und Rundblättriger Sonnentau. Auch verschiedene moortypische Tierarten sind in das Pietzmoor zurückgekehrt. Die Renaturierung kann allerdings nicht die Wiederentstehung des ursprünglichen Regenmoores bewirken. Ein so komplexer, durch eine sehr lange Entwicklungsgeschichte entstandener Organismus, wie ihn ein natürliches Regenmoor darstellt, läßt sich, einmal zerstört, nicht wiedererschaffen. Durch die Renaturierungsmaßnahmen kann jedoch von neuem eine natürliche Moordynamik entstehen, die dann eine andere, neue Moorlandschaft hervorbringt.

Im Zuge der Ausweitung des Naturschutzgebietes im Jahre 1990 ist auch das südlich des Pietzmoores gelegene Freyenser Moor einbezogen worden. Dieses Moor ist durch Entwässerung und Handtorfstich weniger geschädigt als das Pietzmoor und stellt insofern eine besonders wertvolle Bereicherung der Moorflächen des Naturschutzgebiets dar.

Hinsichtlich der Pflanzenwelt sind heute die Randbereiche der Regenmoore besonders interessant. Entlang des Pietzmoores zieht sich stellenweise ein Gürtel des Glockenheide-Anmoores, das sich auf ganz dünner Torfunterlage gebildet hat. Dort wächst

Umbruchsituation im wiedervernäßten Pietzmoor: Der Wald stirbt ab, Torfmoose breiten sich aus.

Fruchtendes Wollgras in einem ehemaligen Torfstich des Pietzmoores. Diese schöne Pflanze ist charakteristisch für Moore. Früher wurde sie sogar wirtschaftlich genutzt: Die »Wolle« diente zur Füllung von Kissen, die Blattfaser zur Herstellung von Pappe.

der Lungenenzian, dessen große tiefblaue Blütenkelche einen unerwarteten Farbaspekt in die Moorlandschaft bringen. Das Glockenheide-Anmoor leitet manchmal zu typischer Schlenkenvegetation mit Weißem und Braunem Schnabelried und üppigen Vorkommen des Mittleren Sonnentaus über. Der Sonnentau besitzt eine besondere Anpassung an die nährstoffarmen Verhältnisse im Moor; er kann seinen Stickstoffbedarf über tierisches Eiweiß decken. Dazu »verzehrt« er Insekten, die sich auf seinen mit kleinen Leimtröpfchen besetzten Blättern verfangen. Diese Leimtröpfchen, die wie Tautropfen in der Sonne aufleuchten, haben der Pflanze den Namen gegeben.

Von den Lurchen bevölkert der Moorfrosch die Torfstiche des Pietzmoores. Die Balzrufe sind an den ersten warmen Tagen des Vorfrühlings zu hören. Sie erinnern an die Geräusche einer unter Wasser gehaltenen Flasche, aus der glucksend die Luft entweicht. Die Männchen sind während der Balzzeit für wenige Tage prächtig himmelblau gefärbt. Später nehmen sie wieder eine unscheinbare bräunliche Färbung an.

Die Kriechtiere sind durch Kreuzotter und Waldeidechse vertreten.

An warmen Tagen wird der Besucher des Pietzmoores von einer Vielzahl von Libellen umschwirrt. Diese Libellen sind Nahrungsgrundlage des Baumfalken, einer kleinen Falkenart mit sichelförmigen Flügeln und atemberaubend rasantem Flug. Der Baumfalke brütet in Gehölzen der Umgebung des Moores in ehemaligen Krähennestern.

Die offenen Wasserflächen des Pietzmoores werden von mehreren Wasservogelarten bevölkert, von denen die zierliche Krickente, die hier jährlich mit etwa dreißig Paaren brütet, die häufigste ist. Von den Schnepfenvögeln tritt die Bekassine besonders auffällig in Erscheinung. Während der Zeit der Balz und der Jungenaufzucht kann man die Sturzflüge des Männchens beobachten, das dabei die Luft durch das gespreizte Schwanzgefieder streichen läßt, wodurch ein summend meckerndes Geräusch entsteht. Die Bekassine wird deshalb auch Himmelsziege genannt.

Neben den großen Regenmooren gibt es eine Vielzahl von Mooren von nur geringer Ausdehnung. Diese Moore vom Typ des Heidemoores und des Kleinsthochmoores sind in keiner anderen Landschaft Nordwestdeutschlands in so großer Zahl und so naturnaher Ausprägung erhalten geblieben wie im Naturschutzgebiet Lüneburger Heide.

Kleinsthochmoore

Kleinsthochmoore haben sich in abflußlosen Senken gebildet. Da sie von höher liegendem Gelände umgeben sind, empfangen sie zumindest zeitweise mit seitlich einfließendem Wasser in geringeren Mengen zusätzliche Nährstoffe. Sie decken ihren Nährstoffbedarf also nicht allein über das Niederschlagswasser und sind deshalb strenggenommen keine echten Regenmoore oder Hochmoore.

Eine charakteristische Pflanzenart dieses Moortyps ist das Scheiden-Wollgras, dessen flockige Fruchtstände als weiße Farbtupfer im Frühsommer das Aussehen des Moores bestimmen. Als besondere Moosart tritt das Haarmützenmoos auf, das aus der Mooroberfläche herausragende Bulten (kleine, maulwurfshügelähnliche Erhöhungen) bildet. In solchen Bulten befinden sich immer Ameisennester, die dort vor Feuchtigkeit geschützt sind. Das Haarmützenmoos speichert im Gegensatz zu den Torfmoosen kein Wasser und trocknet nach Regenfällen rasch wieder ab. Manchmal sind die Kleinsthochmoore von einem Glockenheide-Anmoor umgeben.

Heidemoore

Die an flachen Hängen hervortretenden Quellen der Heidebäche enthalten extrem saures und nährstoffarmes Wasser. Auch hier kommt es deshalb zu durch Torfmooswachstum geprägten Moorbildungen, die als besonderen Typus das Heidemoor hervorbringen. Eine charakteristische Pflanze der Heidemoore ist die Moorlilie, deren dicht gedrängt stehende goldgelbe Blütenkerzen im Juli eine unerhörte Farbenpracht in der Heidelandschaft entfalten. Manchmal ist auch der Lungenenzian zu fin-

Ein Waldmoor mit Moorlilie und Wollgras. Der Boden ist so arm, daß selbst die anspruchslosen Kiefern kaum noch wachsen können: Viele von ihnen sind schon 70jährig. Auch zu Zeiten der stärksten Heide-Ausbreitung fanden sich in Mooren immer Kiefernvorkommen; von hier aus begann die natürliche Wiederbewaldung der Heide- und Wehsand-Gebiete.

Moorlilienblüte in einem Heidemoor.

den. Meistens sind Heidemoore reich an Vorkommen des Rundblättrigen und Mittleren Sonnentaus. In Heidemooren leben seltene und gefährdete Schmetterlings- und Libellenarten.

Quellen, Bäche und Flüsse

Das Höhenmassiv des Wilseder Bergs bildet in drei Richtungen eine Wasserscheide. In einer Höhenlage von etwa 100 Metern befinden sich im Umkreis des Berges zahlreiche Quellgebiete. So entspringen im Naturschutzgebiet mehrere Heidebäche und kleine Flüßchen: Este und Seeve fließen in Richtung Elbe, die Böhme gehört zum Einzugsgebiet der Aller, und die Wümme entwässert in die Weser.

Quellgebiete und Fließgewässer im Naturschutzgebiet Lüneburger Heide sind teilweise in sehr naturnahem Zustand erhalten geblieben. Andererseits sind bis in die jüngste Vergangenheit menschliche Eingriffe im Bereich der Fließgewässer erfolgt. Bereits im vorigen Jahrhundert hat man damit begonnen, Fischteiche in den Heidebachläufen aufzustauen. Diese Teiche unterbrechen die Wasserläufe und stellen unüberwindbare Barrieren für darin lebende Arten dar. Fischteiche führen zur Erwärmung der Fließgewässer und zu Nährstoffeinträgen. Andererseits haben sich gerade ältere Fischteiche zu eigenen interessanten Lebensräumen mit großer Bedeutung für seltene Tier- und Pflanzenarten entwickelt.

Im engen Kastental der Schmalen Aue hat man bereits um die Jahrhundertwende (19./20. Jahrhundert) Rieselwiesen kultiviert. Dazu wurde Wasser aus dem Flußlauf in am Talrand verlaufende Gräben hineingestaut. Von dort aus verrieselte man es auf den Grünlandflächen des Tals. Sinkstoffe setzten sich dabei ab und düngten das Grünland. Reste dieses Berieselungssystems sind heute noch sichtbar.

Zur Verbesserung der landwirtschaftlichen Nutzungsmöglichkeiten hat man auch innerhalb des Naturschutzgebietes bis in die jüngste Vergangenheit hinein Bachabschnitte begradigt und Feuchtgrünland drainiert.

Das Quellgebiet der Schmalen Aue liegt in einem landwirtschaftlich intensiv genutzten Gebiet außerhalb des Naturschutzgebiets. Das Wasser dieses Flusses ist deshalb bereits beim Eintritt in das Schutzgebiet mit Nährstoffen belastet. Außerdem wird Wasser aus der Kläranlage in Döhle eingeleitet. In der Schmalen Aue sind daher erheblich mehr Nährstoffe vorhanden als in einem Heidebach unter natürlichen Bedingungen. Im Quellbereich des Radenbachs liegt die Undeloher Kläranlage. Die in den Roten Flächen entspringende Brunau ist stark mit Sinkstoffen belastet, die der dortigen Bodenerosion entstammen.

Besonders wenig gestört sind einige Nebenbäche des Radenbachs sowie die Seeve und ihre im Naturschutzgebiet entspringenden Zuflüsse.

Die Quellbereiche naturnaher Heidebäche sind als Heidemoore bereits geschildert worden. Wenn das abfließende Wasser genug Nährstoffe und basische Stoffe aus dem Bachbett aufgenommen hat, treten Niedermoorgesellschaften und Erlenbruchwälder auf. In basenreichen Quellgebieten entwickeln sich sofort Erlenwälder, wie zum Beispiel im Quellbereich des Sprengebachs. In solchen Quell-Erlenbrüchen bildet häufig das Milzkraut dichte Rasen, deren kräftiges Grün im Vorfrühling vor dem Austreiben anderer krautiger Pflanzen sowie der Erlen besonders auffällig ist.

Ein typischer Strauch der basen- und nährstoffarmen Oberläufe von Bächen im Naturschutzgebiet ist der Gagel. Seine gelborangen oder rötlichen Blütenkätzchen erscheinen bereits im März vor dem Austreiben der Blätter. Der Strauch ist an seinem aromatischen Duft leicht zu erkennen.

Bei weiterer Zunahme von Nährstoffen bilden sich in den Erlenbruchwäldern manchmal Schilfbestände.

Die ganze Abfolge vom basenarmen Heidemoor im Quellgebiet über umfangreiche bachbegleitende Gagelbüsche bis hin zum zusehends basen- und nährstoffreichen Erlenbruchwald mit Schilfbeständen ist am Seevelauf besonders gut entwickelt. Der Quellbereich der Seeve ist für Besucher allerdings nicht zugänglich.

Das Seevequellmoor – typisches Quellgebiet eines Heidebaches.

Der Oberlauf der Seeve vermittelt einen Eindruck von der Schönheit und Dynamik einer naturbelassenen Flußlandschaft.

Erlenbruchwälder des Schutzgebiets werden in der Regel nicht bewirtschaftet, sondern bleiben ganz ihrer natürlichen Entwicklung überlassen. Sie werden künftig vermutlich noch größer werden. Dort, wo landwirtschaftliches Grünland im Bereich der Bachtäler aufgegeben wird, entstehen sie als Endglied der natürlichen Entwicklung.

Eine in ihrem Vorkommen an Bach- und Flußläufe gebundene Vogelart, die an Seeve und Schmaler Aue regelmäßig auftritt, ist die Gebirgsstelze. Sie hat die Gestalt einer Bachstelze, mit allerdings noch längerem, ständig auf- und abwippendem Schwanz. Die Unterseite ist kräftig gelb gefärbt. Sie brütet unter Brücken und in Wurzeltellern umgefallener Bäume.

Selten tritt auch der Eisvogel an den Bachläufen des Naturschutzgebietes auf. Er brütet hier wohl nicht jedes Jahr. Eine Begegnung mit diesem prächtig gefärbten Fischjäger, der auch als »fliegender Edelstein« bezeichnet wird, läßt das Herz eines jeden Naturfreundes höher schlagen. Häufig bemerkt man einen Eisvogel erst, wenn man seinen durchdringenden, pfeifenden Ruf gehört hat.

Typische Fischarten in den Bächen des Naturschutzgebiets sind die Bachforelle, die Elritze, der Dreistachlige Stichling und das Bachneunauge. In der Seeve kommt auch die seltene und stark gefährdete Groppe vor.

Die in den Fließgewässerbereichen angelegten Stauteiche bilden neben den in Ausblasungsmulden und Schmelzwasserlöchern entstandenen Heidetümpeln die wenigen Stillgewässer des Gebietes. Hier haben sich eigene Lebensräume mit ganz spezieller Tier- und Pflanzenwelt entwickelt. Neben verschiedenen kleinen Anlagen gehören auch die im Nordwestteil gelegenen, über 100 ha Wasserfläche umfassenden Holmer Teiche dazu. Die Stauteiche beherbergen verschiedene seltene Pflanzenarten, die auf eine gute Wasserqualität angewiesen sind, zum Beispiel einige stark gefährdete Vertreter aus der Gruppe der Armleuchteralgen.

Als Laichgewässer von Amphibien kommt diesen Teichen eine große Bedeutung zu. Die am häufigsten dort ablaichenden Arten sind Erdkröte und Grasfrosch. Die Erdkröte führt im zeitigen Frühjahr recht auffällige Wanderungen zu ihren Laichgewässern durch, wobei das kleinere Männchen nicht selten von dem größeren Weibchen getragen wird. Die Grasfrösche bilden oft viele Individuen zählende Balzgesellschaften, auf die der Wanderer durch den vielstimmig vorgetragenen, knurrenden Balzruf aufmerksam wird. Als typische Art sandiger Heideböden erscheint auch die Kreuzkröte in den Laichgewässern des Naturschutzgebiets. Ihre gewöhnlich im Chor vorgetragenen lauten »ärr-ärr-ärr«-Rufe sind noch in einer Entfernung von zwei Kilometern zu hören. Vereinzelt tritt die Knoblauchkröte auf. Laubfrösche sind nur im Bereich der Holmer Teiche anzutreffen, hier lebt jedoch eine starke Population. Der Wasserfrosch hat seinen Verbreitungsschwerpunkt ebenfalls in den Holmer Teichen, kommt aber vereinzelt auch in einigen weiteren Staugewässern vor. Von den Molcharten sind Teichmolch, Kammolch und Fadenmolch vertreten.

Bach- und Flußläufe sind also teilweise in noch sehr naturnaher Ausprägung im Naturschutzgebiet vorhanden. Manche Fließgewässer sind jedoch erheblichen Beeinträchtigungen ausgesetzt. Die vollständige Renaturierung aller Fließgewässer ist deshalb eine wichtige Aufgabe des Naturschutzes, mit deren Erfüllung in den letzten Jahren auch begonnen worden ist. Der Verein Naturschutzpark hat seinen Ankaufsschwerpunkt für die nächste Zeit in den Bereich der Fließgewässer und des dazugehörenden Umlandes gelegt.

Landwirtschaftliche Nutzflächen und Siedlungen

Erst die menschliche Bewirtschaftung hat die Heidelandschaft mit allen ihren Besonderheiten hervorgebracht. Die Heideflächen des Naturschutzgebietes sind ein gutes Beispiel für die Schönheit und Vielgestaltigkeit alter Kulturlandschaften. Allerdings hat sich auch hier die Heidebauernwirtschaft nur bruchstückhaft erhalten. Geblieben ist neben der Imkerei die Heidschnuckenhaltung. Sieben Herden dieser alten Haustierrasse werden noch auf den Heideflächen des Naturschutzgebietes gehütet. Heute ist die Heidschnuckenhaltung ein Zuschußgeschäft, zumindest wenn der schwer zu berechnende landschaftspflegerische Wert des stetigen Heide-Verbisses nicht mit eingerechnet wird. Ohne Subventionierung durch den Verein Naturschutzpark und die öffentliche Hand wäre den Landwirten die Schnuckenhaltung nicht mehr möglich.

Mehrere Höfe haben seit Beginn des Jahrhunderts ihren Betrieb aufgegeben und konnten vom Verein Naturschutzpark erworben werden. Der Verein hat daraufhin große Acker- und Grünlandflächen aus der Nutzung genommen. Auf den Ackerflächen bildeten sich die für den Naturschutz sehr wertvollen Magerrasengesellschaften aus. Durch die Stillegung der vorher landwirtschaftlich genutzten Wiesen und Weiden konnten Quellbereiche, Bachtäler und Moorbereiche renaturiert werden.

Ein gutes Beispiel hierfür ist das Wümmemoor nördlich des Wulfsberges. Bis zum Beginn der 70er Jahre noch vollständig landwirtschaftliche Nutzfläche, hat sich dort nach der Renaturierung wieder ein Lebensraum für eine Tier- und Pflanzenwelt mit vielen gefährdeten Arten entwickeln können.

Heute sind im Naturschutzgebiet noch etwa 3.500 ha Acker- und Grünlandflächen vorhanden, die von etwa 20 landwirtschaftlichen Familienbetrieben bewirtschaftet werden. Diesen Betrieben bietet die ursprüngliche Heidebauernwirtschaft bereits seit langem keine Existenzgrundlage mehr. Es müssen Möglichkeiten gesucht werden, zeitgemäße Landwirtschaft und Ansprüche des Naturschutzes in Einklang zu bringen. Zu diesem Zweck hat der Verein Naturschutzpark einen eigenen Versuchsbetrieb gegründet, den Landschaftspflegehof Tütsberg. Eine Leitlinie dieses Hofes ist der Verzicht auf Biozideinsatz und Beregnung. Bodenwendende Bearbeitung, also das Pflügen, wird wegen der damit verbundenen Störung der Kleinst-Bodenlebewesen unterlassen. Weiterhin sollen Erfahrungen mit der Minimierung mineralischer Düngegaben und mit geeigneten Fruchtfolgen gesammelt werden. Zu den Aufgaben des Versuchshofes gehören auch der Anbau alter Feldfrüchte wie Buchweizen und Flachs sowie der Anbau alter Getreidesorten, die an die besonderen Boden- und Klimaverhältnisse dieser Landschaft besser angepaßt sind als die heute in der Landwirtschaft üblichen Hochleistungssorten. Die alten Getreidesorten gedeihen auch bei nur geringer Düngung und können Trockenperioden ohne künstliche Wasserzufuhr überstehen. Um Beregnung zu vermeiden, die verständlicherweise negativen Einfluß auf den Grundwasserstand und damit auch auf Feuchtgebiete haben kann, werden zusätzlich Versuche mit neuen, für die Trockengebiete der Erde entwickelten Sorten durchgeführt.

Durch Anlage von Feldhecken soll die Ackerlandschaft ökologisch belebt werden. Auf den Feldern des Landschaftspflegehofes kann sich wieder eine typische Ackerbegleitflora entwickeln. Neben weniger bekannten Arten treten nun häufig Kornblume und Hundskamille auf, auch Klatschmohn ist zu finden. Die Ackerwildkräuter bieten verschiedenen Insektenarten Existenzmöglichkeiten, die wie die Samen der Wildkräuter Nahrungsgrundlage für das Rebhuhn sind, dessen Bestand sich im Naturschutzgebiet während der letzten Jahre gut erholt hat.

Zum Bild des Naturschutzgebietes gehören die bäuerlichen Siedlungen mit ihren prächtigen Hofgehölzen, den Reetdachhäusern, Treppenspeichern und Schafställen. Der Pflege historischer Ortsbilder und historischer Bausubstanz kommt eine besondere Bedeutung zu. Auch diese Siedlungen weisen naturkundliche Besonderheiten auf. In den Hofgehölzen brüten fast immer Dohle, Hohltaube und Grünspecht, manchmal auch der Schwarzspecht. Einige Gebäude werden vom Waldkauz, unregelmäßig auch von der Schleiereule als Brutstätten aufgesucht. Letztere leidet sehr unter harten Wintern, ihr Bestand erlischt dann vielerorts und muß sich anschließend erst langsam wieder aufbauen. In älterer naturkundlicher Literatur wird über ein Vorkommen der Hausratte in den Siedlungen berichtet, das sich eventuell bis heute erhalten hat. Die kleine, schwarze Hausratte ist aus fast ganz Niedersachsen durch die größere, graubraune Wanderratte verdrängt worden. Sie war während des Mittelalters weit verbreitet und wirkte damals als Krankheitsüberträger, besonders der Pest.

Dörfer, Weiler und Einzelhöfe

Entgegen der weitverbreiteten Vorstellung von der Einfachheit ländlichen Lebens war die Agrargesellschaft spätestens seit Beginn des Mittelalters vielschichtig und durch krasse soziale Unterschiede gekennzeichnet. Adel und Klerus bestimmten das politische Geschehen, die Bauern waren vom politischen Leben ausgeschlossen.
Auch innerhalb der bäuerlichen Bevölkerung gab es große soziale Unterschiede. An der Spitze der Besitzhierarchie standen die Vollhöfe, deren Existenz sich manchmal bis in altsächsische Zeit, also die Zeit vor der Jahrtausendwende, zurückverfolgen läßt. Aus Erbteilung waren Halbhöfe und Kotstellen (kleinere landwirtschaftliche Anwesen) hervorgegangen.
Als weitere soziale Schicht entstand später die der Brinksitzer, die nur über ihren käuflich erworbenen Grundbesitz verfügen konnte, jedoch keinen Anteil an der Mark hatte, dem bäuerlichen Gemeinschaftsbesitz. Bei den Brinksitzern stammte der größte Teil der Einnahmen meist nicht aus der Landwirtschaft, sondern aus handwerklicher Tätigkeit.
Vom frühen Mittelalter bis ins 19. Jahrhundert waren die Heidebauern nicht Eigentümer des Bodens, den sie bewirtschafteten. Das Eigentum lag bei den Landesherren, denen Abgaben entrichtet werden mußten. Innerhalb derselben Ortschaft gab es häufig verschiedene weltliche und kirchliche Landesherren. Diese Verhältnisse änderten sich erst im 19. Jahrhundert durch die Auflösung des Lehnssystems. Nach der Zahlung von Ablösesummen bekamen die Bauern ihre Höfe zum Eigentum. Die Marken, der bäuerliche Gemeinschaftsbesitz, wurden ebenfalls aufgelöst, das Land unter den einzelnen Markgenossen aufgeteilt. Nach der Markenteilung hatten die Vollhöfe der Heide eine Größe, die in der Regel zwischen 150 und 300 ha lag.

Benninghöfen

Benninghöfen war ehemals ein kleiner Weiler südlich des Tütsbergs und ist 1592/93 erstmals urkundlich erwähnt. Benninghöfen bestand früher aus drei Höfen und galt als selbständige Dorfschaft. Die Höfe sind 1928 vom Verein Naturschutzpark angekauft worden und wurden nach dem Zweiten Weltkrieg bis auf ein heute noch vorhandenes Wohngebäude abgerissen. Der Schafstall in Benninghöfen ist erst in den 50er Jahren dieses Jahrhunderts errichtet worden und besitzt keinen historischen Wert.

Bockheber

Bockheber zählt zu den schönsten Heidehöfen zwischen Aller und Elbe. Er soll der weitaus älteste Einzelhof des Naturschutzgebietes sein. Bockheber besitzt alle Siedlungsgrundlagen in reichem Maße: Weide für Großvieh, einen Grashof hinter dem Haus, ein prächtiges Hofgehölz, gutes Ackerland, Weidegelegenheiten für Schafe sowie gutes Brunnenwasser.

Hügelgräber in der Umgebung des Hofes stammen aus der jüngeren Bronzezeit des 8./7. Jahrhunderts vor Chr. Das jetzige Hauptgebäude ist ein Fachwerkbau aus dem Jahre 1826, dessen Außenwände mit bäuerlichen Ziegelmustern geschmückt sind. Der Name leitet sich vermutlich von der Buche (Bock-) und dem Dorf Heber ab. Der Hof ging 1912 in das Eigentum des Vereins über.

Ehrhorn

Ehrhorn, an der Straße nach Wintermoor gelegen, wird 1050 erstmals urkundlich erwähnt. Die Siedlung liegt im Quellgebiet der Este. In der Umgebung befindet sich ein ausgedehntes Dünengelände, das heutige Naturwaldreservat »Ehrhorner Dünen«. 1450 bestand Ehrhorn aus einem Hof und zwei Koten. Im 19. Jahrhundert wurde Ehrhorn an die Staatliche Forstverwaltung verkauft. Die Gebäude brannten 1945 infolge von Kriegsereignissen aus und sind 1950 als reetgedeckte Fachwerkhäuser wieder aufgebaut worden.

Hinter Bäumen verborgen: Niederhaverbeck. Nur die neuerbaute Geschäftsstelle des Vereins Naturschutzpark Lüneburger Heide liegt offen in der Landschaft.

Einem

Einem, das zwischen Ehrhorn und Haverbeck liegt, ist 1563/64 erstmals urkundlich erwähnt worden. Nördlich von Einem befindet sich ein ehemals großes Wanderdünengebiet, der Einemer Sand, das heute mit flechtenreichen Kiefernwäldern bewachsen ist. Einem besaß früher zwei Höfe und wurde 1880 an einen Kommerzienrat aus Stettin verkauft, der große Flächen aufforsten ließ. So wurde Einem zum Forstgut.

Heimbuch

Heimbuch, zwischen Ehrhorn und Undeloh gelegen, ist 1271 erstmals urkundlich erwähnt worden. Der Name leitet sich von der Hainbuche ab. Heimbuch bestand zeitweise aus einem Vollhof und einem Halbhof und ging im 19. Jahrhundert in das Eigentum der Staatsforstverwaltung über. Heute befinden sich dort eine Försterei und ein Waldarbeiter-Dienstgehöft.

Meningen

Meningen liegt zwischen den Trockentalsystemen der Bornkuhle und des Rehmbachs. Es wird 1616/17 erstmals urkundlich erwähnt. Zunächst ist nur ein Kötner verzeichnet, später werden zwei Kotstellen aufgeführt. Eine davon kaufte Anfang dieses Jahrhunderts Pastor Bode aus Egestorf. Der Hof brannte 1908 ab und wurde nicht wieder aufgebaut.

Möhr

Möhr ist erstmalig 1592/93 urkundlich erwähnt. Der Hof liegt am Rande des Pietzmoorkomplexes. Im vorigen Jahrhundert wurde dort eine Ziegelei gegründet. Die Tongruben in der Umgebung sind heute zum Teil wassergefüllt und bilden kleine Stillgewässer. Hof Möhr verfügt über ein besonders schönes Hofgehölz. Der Name leitet sich von »mör« = Sumpf, Moor ab. Der Hof wurde 1975 vom Verein Naturschutzpark angekauft. Er ist heute Sitz der Norddeutschen Naturschutzakademie.

Niederhaverbeck

Niederhaverbeck liegt ebenso wie Oberhaverbeck am Tal der Haverbeeke. Niederhaverbeck bestand früher aus drei Höfen, die zu Beginn unseres Jahrhunderts an Städter verkauft wurden. Der Eigentümer des Eickhofs baute dort ein Landhaus, das heute einen Pensionsbetrieb beherbergt. Er ließ die nördlich angrenzende Heidefläche tiefpflügen und mit Kiefern und Fichten aufforsten; daraus entstand der Eickhofforst.
Nördlich von Niederhaverbeck wurde zu Beginn unseres Jahrhunderts Haus Heidetal als privates Landhaus in der freien Heidelandschaft gebaut. Schon bald erfolgte die Umfunktionierung zum »Kurhaus Heidetal«, das seinen Gästen Ruhe, eine schöne Umgebung und Kneippbäder bot. Feldsteinmauern an der Haverbeeke nördlich von Haus Heidetal zeugen vom Bau eines – niemals fertiggestellten – Freibades dieses Kurhauses. Der Gasthof in Niederhaverbeck, der Haverbeckkrug, brannte 1958 ab und wurde nach dem Wiederaufbau in »Haverbeckhof« umbenannt. Die Höfe Niederhaverbecks und Haus Heidetal gingen bereits zwischen 1911 und 1914 in den Besitz des Vereins Naturschutzpark über. Das alte Schulhaus in Niederhaverbeck wurde 1957 den Universitäten von Hamburg und Göttingen zu Forschungszwecken zur Verfügung gestellt. Seitdem hat sich der Name »Uni Haverbeck« dafür eingebürgert.

Oberhaverbeck

Oberhaverbeck besteht aus vier Höfen, von denen drei in bäuerlichem Eigentum verblieben sind. Zwei der Höfe betreiben weiterhin Landwirtschaft. In Oberhaverbeck haben sich besonders viele Elemente eines historischen Dorfbildes erhalten. Gegen Ende des vorigen Jahrhunderts wurde Oberhaverbeck durch einen an einem Quellarm der Haverbeeke gelegenen prächtigen Rosenstock sehr bekannt. Der Strauch war ungefähr vier Meter hoch und hatte einen Gesamtumfang von etwa 35 Metern, die stärksten Stämmchen erreichten einen Umfang von über 40 Zentimetern. Aus Ärger über die vielen Besucher rodete der Eigentümer des Rosenstocks dieses Naturwunder.

Reetdachdecker bei der Arbeit.

Scharrl

Scharrl liegt im heutigen Scharrler Forst, auf halbem Wege zwischen Schneverdingen und Bispingen. Die erste urkundliche Erwähnung stammt von 1592/93. Scharrl hatte 1628 drei Hofstellen, von denen eine während des Dreißigjährigen Krieges eingeäschert wurde und dann 30 Jahre lang nicht mehr bewohnt wurde. Einer der Höfe war mit einem Wirtshaus verbunden, das durch Friedrich Freudenthals Erzählung »De Räuberharbarg in Scharrl« bekannt geworden ist. Dieser Hof ging 1860 in das Eigentum des Hannoverschen Klosterfonds über und wurde zu einer Revierförsterei umfunktioniert.

Sellhorn

Sellhorn wird bereits 1231 erstmals urkundlich erwähnt. Die Hofstelle ist 1850 vom Hannoverschen Staat angekauft worden und seit 1860 Sitz eines staatlichen Forstamtes. Von hier aus sind umfangreiche Heideaufforstungen organisiert worden. Das Forstamt betreut heute etwa 5.000 ha im Naturschutzgebiet gelegene Waldfläche und steht den Revierförstereien Volkwardingen, Wilsede, Heimbuch, Wintermoor, Ehrhorn und Niederhaverbeck vor.

Sudermühlen

Sudermühlen geht auf einen alten Hof mit einer Wassermühle zurück und ist heute ein Hotelbetrieb. Der ehemals ansprechende Eindruck der Anlage ist durch mehrere Umbauten und einen Neubau mit Flachdach verlorengegangen. Die Gebäude mit ihrer näheren Umgebung wurden 1990 aus dem Naturschutzgebiet entlassen.

Thonhof

Thonhof wird 1642 erstmals urkundlich erwähnt. Der Hof verfügte zwar über gutes Ackerland, jedoch über keine ausreichenden Weideflächen für das Rindvieh. Die Rinder wurden deshalb bis zum sechs Kilometer entfernt liegenden Heinköpen bei Wilsede getrieben. Das Wohnhaus war bis 1952 ein schornsteinloses Rauchhaus. Der Thonhof ist auch heute noch ein landwirtschaftlicher Betrieb.

Tütsberg

Tütsberg findet 1592 erste urkundliche Erwähnung. Der Name leitet sich vom »Vogel Tüt«, dem Brachvogel, ab, der in der Umgebung auch heute noch vorkommt (Brunauquellgebiet, Wümmemoor). Einer anderen Deutung zufolge soll sich der Name von »Tot« = Hügel, Spitze ableiten. Der Hof wurde 1928 vom Verein Naturschutzpark angekauft. Nach dem Zweiten Weltkrieg pachtete der Hamburger Getreidekaufmann Toepfer den Hof und baute dort einen modernen landwirtschaftlichen Betrieb auf. Heute ist der Tütsberg Sitz des Landschaftspflegehofes des Vereins. Die alten Hofgebäude dienen als Hotel.
Während des Ersten Weltkriegs hatte sich ein russischer Kriegsgefangener auf dem Tütsberg versteckt. Er kam dort durch einen Sturz vom Dachboden ums Leben. Weil die Behörden seine Bestattung auf dem Schneverdinger Friedhof verweigerten, begruben die Bewohner des Tütsbergs ihn in der Nähe des Hofs, im Bereich einer heutigen Eichendickung. Das Grab ist von ihnen noch bis Ende der 50er Jahre gepflegt worden. Der Verein Naturschutzpark hat hier 1991 eine Gedenktafel aufgestellt. Das Gehölz, in dem das Grab liegt, wird heute »Russenholz« genannt.

Undeloh

Undeloh liegt im Quellbereich des Radenbachs, 1990 feierte es sein 800jähriges Jubiläum. Tatsächlich dürfte Undeloh sehr viel älter sein. Das geht schon aus der Tatsache hervor, daß der Ortsname langobardischen Ursprungs ist. Undeloh bedeutet »Quellhain«, bezeichnet also einen Wald an der Quelle des Radenbachs.
Zahlreiche bronze- und eisenzeitliche Hügelgräber in der Umgebung Undelohs bezeugen, daß hier bereits lange vor Christi Geburt gesiedelt wurde. Im Hochmittelalter (13./14. Jahrhundert) bestand Undeloh aus sieben Höfen; während des 16. und

17. Jahrhunderts kamen viele Brinksitzer hinzu. Eine besondere Sehenswürdigkeit ist die der Heiligen Magdalena geweihte Kapelle Undelohs, die zu den ältesten Gotteshäusern der Lüneburger Heide zählt und wahrscheinlich aus dem 12. Jahrhundert stammt. Die Außenwände bestehen aus einen Meter starken Findlingsmauern, was auf eine Nutzung als Wehrkirche schließen läßt. Die Familien des Dorfes suchten hier im Krieg Schutz. Der niedrige, freistehende Glockenturm aus der zweiten Hälfte des 15. Jahrhunderts beherbergt zwei Glocken. Von künstlerischem Wert sind das hölzerne Kruzifix und ein Verkündigungsengel, beide stammen aus dem 15. Jahrhundert.

Undeloh ist im Lauf seiner Geschichte mehrfach durch Kriege schwer beschädigt worden. So wurde während einer Fehde der Erzbischöfe von Bremen und der Lüneburger Herzöge im 15. Jahrhundert der größte Teil der Undeloher Höfe von umherstreifenden Söldnerhaufen verwüstet. Besonders verheerend waren die Folgen des Dreißigjährigen Krieges. Am 16. Juni 1627 wurde der Ort von Söldnern des dänischen Königs bis auf die Kapelle und den Pfarrhof restlos zerstört. 1639 brachen Söldnerhorden durch das Dach in die Undeloher Kapelle ein und beschädigten das Gotteshaus dabei schwer. 1645 wurde noch einmal ein großer Teil der Undeloher Höfe zerstört, diesmal durch Truppen des schwedischen Königs. Durch den Krieg hatten auch die Wölfe in der Lüneburger Heide überhand genommen und waren zur Plage geworden. Alljährlich mußten jetzt Wolfsjagden abgehalten werden, und man legte spezielle Gruben zum Fang der Tiere an. Der Wiederaufbau nach dem Dreißigjährigen Krieg war in Undeloh erst 1735 abgeschlossen. Während des Zweiten Weltkriegs, 1943, wurde in Undeloh ein Barackenlager eingerichtet, in dem man russische Kriegsgefangene, später auch polnische und ukrainische Zwangsarbeiter unterbrachte, die in der Land- und Forstwirtschaft arbeiten mußten.

Nördlich von Undeloh erstreckt sich ein ausgedehnter Waldkomplex, der überwiegend aus bäuerlichen Heideaufforstungen hervorgegangen ist. Dieser Privatwald wird von einer Forstbetriebsgemeinschaft mit Sitz in Undeloh betreut.

Undeloh ist heute ganz durch den Fremdenverkehr geprägt. Das Ortsbild hat den Charakter eines Heidedorfes weitgehend verloren. Von den Bewohnern benachbarter Dörfer wird Undeloh scherzhaft als »die Goldgräberstadt der Heide« bezeichnet. Im Sommer drängen sich hier die Menschenmassen, und der Kommerz läuft auf Hochtouren. Im Winter wirkt Undeloh dagegen zu manchen Zeiten wie ausgestorben. Weil Undeloh die Anforderungen der Verordnung für das Naturschutzgebiet Lüneburger Heide nicht mehr erfüllt, ist der gesetzliche Schutz für die Ortslage 1990 aufgehoben worden.
Der Verein Naturschutzpark unterhält in Undeloh eine Jugendherberge und ein Naturinformationshaus.
Einen sehr anschaulichen Einblick in die früheren sozialen Verhältnisse und die Lebensbedingungen der Bewohner in der Vergangenheit vermittelt die Dorfchronik »Undeloh in acht Jahrhunderten« von Regina Lang.

Wehlen und Wesel
Beide Ortschaften finden 1420 erste urkundliche Erwähnung. Wehlen liegt am Oberlauf der Seeve; der Name leitet sich von »Wehle«, einem alten Wort für Quelle ab. Wehlen hatte nach dem Dreißigjährigen Krieg vier Höfe und war damit größer als Wesel. Deshalb wurde Wehlen auch Standort der um 1700 gebauten Schule für die beiden Ortschaften. Vor dem Schulbau in Wehlen mußten die Kinder von dort in die acht Kilometer entfernt liegende Schule nach Undeloh gehen. Nachdem die Wehlener Schule 1910 abgebrannt war, erfolgte der Neubau in Wesel. Drei der vier Wehlener Höfe wurden 1899 von der Klosterkammer Hannover aufgekauft, die eine Försterei einrichten ließ und große Heideflächen in der Umgebung aufforstete. Lediglich ein landwirtschaftlicher Betrieb ist seitdem in Wehlen geblieben. Die kleine Ortschaft hat sich bis heute eine gewisse Abgeschiedenheit bewahrt. Während des Zweiten Weltkriegs fand ein aus dem Konzentrationslager Bergen-Belsen geflüchtetes jüdisches Mädchen bei einer Familie in Wehlen Unterschlupf und konnte gerettet werden.

Die direkte Umgebung von Wesel ist erst 1990 in das Naturschutzgebiet miteinbezogen worden. Wesel bietet heute das typische Bild einer ländlichen Siedlung mit modernen Höfen und einem kleinen Neubaugebiet. Das Dorf hat sich dabei ein schönes Ortsbild mit umfangreichen alten Baumbeständen und überwiegend gut angepaßter Bausubstanz bewahrt. Der Ort selbst gehört nicht zum Naturschutzgebiet.

Wilsede

Wilsede wird 1287 erstmals urkundlich erwähnt, es befindet sich im Quellbereich der Schwarzen Beeke. Die Quellen müssen in früheren Zeiten kräftiger gewesen sein, ihr Wasser vereinigt sich heute erst etwas unterhalb von Wilsede zu einem Bachlauf. Die Ortschaft liegt auf einer Höhe von etwa 125 Metern über NN. Im Hochmittelalter hatte Wilsede zwei Höfe, zwei weitere kamen während des 16. Jahrhunderts hinzu. Im Dreißigjährigen Krieg wurde in Wilsede ein besonders grausamer Mord verübt. Angehörige der Truppe des Großherzogs von Florenz überfielen den Bauern Hilmer, fesselten ihn und schoben ihn in einen gerade für das Brotbacken vorbereiteten, glühend heißen Backofen.
1750 erfolgte der Bau einer Schule für die Kinder aus Wilsede und Sellhorn. Vorher unterrichtete einer der vier Wilseder Bauern auf seinem Hof. Das erste Schulhaus brannte 1882 ab und wurde durch einen Neubau ersetzt. In den 60er Jahren unseres Jahrhunderts wurde die Wilseder Schule geschlossen. In dem Gebäude befindet sich heute die Forstverwaltung des Vereins Naturschutzpark.
Durch Gemeinheitsteilung und Verkoppelung (es handelt sich um die Bodenreformen, die zur Aufteilung des bäuerlichen Gemeinschaftsbesitzes führten; vgl. Kapitel »Die Heidebauernwirtschaft«) war es möglich, daß sich 1857 noch ein Neubauer in Wilsede ansiedeln konnte. Das kleine Gehöft liegt am Hang des Tals der Schwarzen Beeke südwestlich des Hilmershofs.
1884 baute die Gemeinde ein Armenhaus, eine noch heute vorhandene kleine Kate, die als Eckhaus am Undeloher und Einemer Weg liegt.

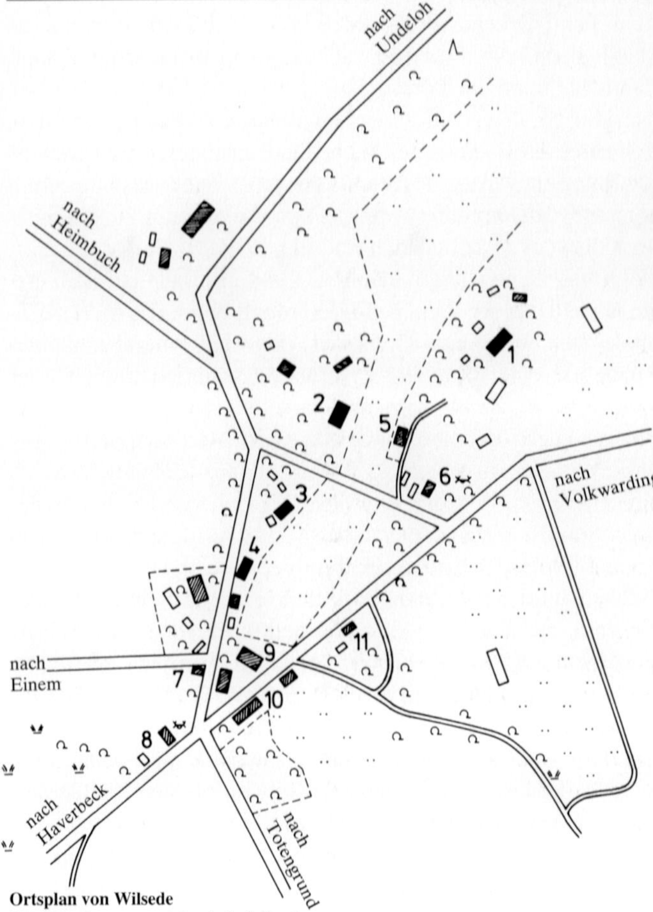

Ortsplan von Wilsede
Flächig schwarz gezeichnet sind die vier alten Höfe

1. Vollhof Hillmer, jetzt VNP-Eigentum
2. Vollhof Witthöft, jetzt teilweise VNP-Eigentum, teilweise Privateigentum
3. Kote Rieckmanns, jetzt VNP-Eigentum
4. Kote Hillmer, jetzt VNP-Eigentum
5. Neubauernstelle, jetzt VNP-Eigentum
6. Ehemaliges Schulhaus, jetzt Sitz der VNP-Forstverwaltung
7. Armenhaus, jetzt VNP-Eigentum
8. Staatliche Revierförsterei Wilsede
9. Gasthaus »Heidemuseum«, VNP-Eigentum
10. Milchhalle, früherer Standort einer Jugendherberge, VNP-Eigentum
11. Gemeindehaus

Zwischen 1890 und 1900 wurden größere Heideflächen von der Staatlichen Forstverwaltung angekauft und aufgeforstet. Es entstand eine staatliche Försterei.
Der Hof Nr. 2 war mit einem Ausschank verbunden, aus dem sich eines der traditionsreichsten alten Gasthäuser der Lüneburger Heide entwickelte (Witthöfts Gasthof). Die Gaststätte erhielt noch besonderen Aufschwung, als zu Beginn des 20. Jahrhunderts die starken Besucherströme zum Wilseder Berg einsetzten. 1930 brannte er vollkommen aus. 1948 eröffnete auf dem Gelände des Hofs Nr. 2 ein Kindererholungsheim, das 1951 ebenfalls einem Brand zum Opfer fiel. Das wiederaufgebaute Haus wurde von einer Hamburger Stiftung gepachtet und als Gästehaus genutzt. Heute wird dort eine Privatpension betrieben. Während der 70er Jahre wurde von einem Nachkommen der Familie Witthöft am Wilseder Ortseingang aus Richtung Undeloh ein neuer großer Gasthof errichtet. Das Gebäude ist 1988 in das Eigentum des Vereins übergegangen und wird heute unter dem Namen »Wilseder Hof« weitergeführt.
1907 entstand auf Initiative des Lehrers Dageförde das Heidemuseum. Dazu wurde ein in Hanstedt abgebautes Bauernhaus aus dem Jahre 1742 in Wilsede wiederaufgebaut und mit vielen Sammlungsgegenständen bestückt. Die »Heidemuseum GmbH« errichtete 1909 den Gasthof »Zum Heidemuseum«.
Ab 1910 begann der Verein Naturschutzpark mit Ankäufen in Wilsede. Er konnte im Laufe der Zeit den größten Teil der zur Ortschaft gehörenden Gebäude in sein Eigentum bringen.
Dem Gasthaus Heidemuseum gegenüber wurde 1926 eine Jugendherberge errichtet, die, nachdem sie 1939 einem Brand zum Opfer gefallen war, nicht wieder aufgebaut worden ist.
1957 baute die Gemeinde ein Gemeindehaus in Wilsede, um den dringenden Wohnraumbedarf zu befriedigen.
1964 wurde der Emhof in Wilsede aufgestellt. Der 1609 erbaute Hof stand ursprünglich in Emmingen (Kreis Soltau). Er dient heute als Konferenzraum einer Tagungsstätte, in die auch die Gebäude von zwei der ehemaligen Wilseder Höfe einbezogen sind.

Wilsede hat bis heute ein durch Reetdachhäuser, Feldsteinmauern, Treppenspeicher und alten Baumbestand geprägtes Ortsbild bewahrt. Besonders positiv wirkt sich die Sperrung der Ortschaft für den Kfz-Verkehr aus.
Landwirtschaftliche Betriebe gibt es in Wilsede nicht mehr, es existieren jedoch noch zwei Heidschnucken-Herden. Die heutigen Bewohner des Ortes sind überwiegend im Fremdenverkehr und in der Forstwirtschaft beschäftigt.

Wulfsberg
Die Ansiedlung ist erst nach 1820 entstanden; um 1835 bestand sie aus vier Hofstellen, von denen drei jedoch schon bald wieder aufgegeben wurden. Von 1945 bis 1956 waren noch einmal zwei Stellen von Heimatvertriebenen bewohnt. 1956 wurden die Häuser bis auf die heute noch erhaltene Hofstelle abgerissen. Der Hof ist 1928 in das Eigentum des Vereins übergegangen. Hof Wulfsberg liegt auf der Kuppe eines 102 Meter hohen Hügels südlich des Wümmequellgebietes. Südlich des Hofes befindet sich inselartig lehmhaltiger, besser nährstoffversorgter Boden, der sich als Ackerland eignet. Im Wümmemoor konnte Grünland kultiviert werden. Das Grünland im Wümmemoor ist nach und nach aus der Nutzung herausgenommen worden, so daß inzwischen das gesamte Quellgebiet der Wümme renaturiert werden konnte. Westlich des Wulfsbergs erstreckten sich sehr weitläufige Heidebereiche. So waren Schnuckenhaltung und Imkerei früher die wichtigsten Erwerbszweige der Wulfsberghöfe. Seit dem Ende des Zweiten Weltkriegs werden diese Heideflächen als Panzerübungsgelände mißbraucht.
Der heutige Hof Wulfsberg vermittelt noch das Bild eines ursprünglichen Heidehofes. Er wurde erst 1990 an die öffentliche Stromversorgung angeschlossen.

Die Bedeutung der Lüneburger Heide für den Naturschutz

Für viele Leser mag es neu sein, daß Naturschutz nicht gleichbedeutend mit dem Unterlassen aller menschlichen Eingriffe ist. Deshalb soll in diesem Kapitel erläutert werden, worin eigentlich der besondere Wert dieses Naturschutzgebietes liegt und welche Naturschutzstrategien hier verfolgt werden.

Heidelandschaft
Gerade bei diesem Landschaftstyp stellt sich die Frage, welchen Sinn es hat, ihn zu erhalten, obwohl dies weder der wirtschaftlichen noch der natürlichen Entwicklung entspricht. Auf diese Frage lassen sich aus unserer Sicht zwei Antworten geben:

1. Heidelandschaft war während mehrerer Jahrtausende zeitweise sehr großflächig vorhanden. Viele Tier- und Pflanzenarten haben sich an diesen Lebensraum angepaßt. Würde die Heide nicht wenigstens in einer bestimmten Mindestfläche erhalten, so würde auch diesen Arten die Lebensgrundlage entzogen. Sich selbst überlassen, entwickeln sich Heideflächen zu Kiefernpionierwäldern. Würde man also die natürliche Dynamik zum Zuge kommen lassen, entstünde hier ein Landschaftstyp, der landesweit ohnehin großflächig vorhanden ist.
2. In der Heidelandschaft haben über Jahrtausende Menschen gelebt, sie hat Eingang in Sagen, Märchen und zahlreiche Erzählungen gefunden; sie ist dadurch ein fester Bestandteil der Vorstellungswelt der Menschen im nordwestlichen Mitteleuropa geworden. Es wäre schade, wenn die Möglichkeit verlorenginge, wenigstens einen Rest dieser Landschaft auch weiterhin in der Realität zu erleben.

Im Naturschutzgebiet Lüneburger Heide kommen die größten noch vorhandenen Restflächen binnenländischer Zwergstrauchheiden Europas vor. Die Heidelandschaft beherbergt neben den durch die Besenheide geprägten Gesellschaften noch sehr viel seltenere Pflanzenformationen, zum Beispiel die Magerrasen und die Lehmheiden. Die Heideflächen haben eine hervorragende Bedeutung für seltene und bedrohte Tierarten. Drei Vogelarten sind unter der Kategorie »vom Aussterben bedroht« (A1) der Roten Liste Niedersachsens aufgeführt (Birkhuhn, Raubwürger, Brachpieper).

Bei dem Birkhuhnbestand* handelt es sich um eine der letzten noch aus sich selbst heraus lebensfähigen Populationen Europas außerhalb der nordischen und der hochmontanen Region. Der bundesweit bedrohte Raubwürger besitzt im Naturschutzgebiet noch einen gesicherten Bestand. Der Brachpieper brütet nicht alljährlich. Von der Kategorie »stark bedrohte Brutvogelarten« (A2) der Roten Liste der Bundesrepublik Deutschland bzw. Niedersachsens brüten acht Arten in den Heideflächen des Naturschutzgebietes (Rebhuhn, Wachtel, Ziegenmelker, Heidelerche, Neuntöter, Braunkehlchen, Schwarzkehlchen, Steinschmätzer).

Von den in der Heide lebenden Reptilien- und Amphibienarten sind fünf der Kategorie »gefährdet« (A3) der Roten Liste Niedersachsens zugeordnet (Kreuzotter, Schlingnatter, Zauneidechse, Kreuzkröte und Knoblauchkröte).

Auch verschiedene Wirbellosengruppen, die im Naturschutzgebiet gut untersucht sind, weisen sehr seltene Arten auf, so die Gruppe der Großschmetterlinge, der Heuschrecken, der Schwebfliegen und der Spinnen.

Die Heidepflege muß darauf abzielen, die ganze Vielfalt der seltenen Pflanzengesellschaften ursprünglicher Heidelandschaft zu erhalten und die Bestände gefährdeter Tierarten zu sichern. Dazu sind verschiedene Maßnahmen möglich, für die sich jeweils

* Wegen der starken Bedrohung unserer letzten Birkhühner bedürfen die Restbestände strengsten Schutzes. Die Beobachtung der Birkhahnbalz ist deshalb im NSG Lüneburger Heide derzeit nicht möglich. Die Balzplätze werden im Frühjahr weiträumig abgesperrt und bewacht.

Vielfältige Heidelandschaft am Radenbachtal mit trockener Sandheide, Feuchtheide und einem Quellmoor.

Vor- und Nachteile aufführen lassen. Die Beweidung mit Heidschnucken knüpft als Pflegemethode an die ursprüngliche Heidebauernwirtschaft an. Sie hält die Heide zwar gehölzfrei, kann aber die Weiterentwicklung der Böden und die Ansammlung von Rohhumus nicht verhindern. Für den Tierartenschutz wirkt sich die Beweidung ungünstig aus. Bodenbrüter unter den Vögeln werden durch die Heidschnucken ständig gestört, Heidschnucken zerreißen Spinnennetze – dieser Effekt ist für die Honigbienen und insofern für den Honigertrag der Imker positiv zu bewerten – und stehen in direkter Nahrungskonkurrenz zu Schmetterlingsraupen. Die Heidschnuckenbestände im Naturschutzgebiet müssen deshalb in Grenzen gehalten werden.

Das Mähen von Heideflächen dürfte den Organismen der Heide kaum Schaden zufügen, wenn es zur richtigen Jahreszeit und nicht zu großflächig durchgeführt wird. Mahd läßt sich jedoch nur dort, wo noch vitale Heidebestände vorhanden sind, sinnvoll anwenden. Überalterte Heide würde nach der Mahd vollkommen vergehen. Außerdem ist für das Mähen eine relativ ebene Geländeoberfläche erforderlich. Mahd läßt sich deshalb nur in sehr begrenztem Umfang einsetzen.

In den letzten Jahren hat man damit begonnen, das frühere Abplaggen der Heide maschinell nachzuahmen. Bei diesem Verfahren werden Vegetation und Rohhumusschicht beseitigt, so daß der Mineralboden freiliegt. Dadurch kann eine ganz neue Vegetationsentwicklung beginnen. Oftmals erfolgt zunächst eine Besiedlung durch verschiedene Pionierpflanzenarten, die innerhalb unserer Gesamtlandschaft sehr selten geworden sind. Später breitet sich junge Heide aus. Erstaunlich rasch erfolgt die Besiedlung solcher Flächen durch Insekten. Probleme bereitet bei diesem Verfahren die Beseitigung des anfallenden Bodenmaterials. Eine Aufbereitung für landwirtschaftliche und gartenbauliche Zwecke ist derzeit unter ökonomischen Gesichtspunkten nicht möglich. Das Plaggut läßt sich deshalb nur absetzen, wenn bei Tiefbaumaßnahmen in der Umgebung gerade Bodenmaterial benötigt wird. Dadurch sind der Anwendbarkeit des maschinellen Plaggens Grenzen gesetzt.

Eine weitere Möglichkeit der Regeneration von Heideflächen besteht im Abbrennen. Brand ist im Naturschutzgebiet Lüneburger Heide bisher als Pflegemaßnahme nur versuchsweise zum Einsatz gekommen. Auf einigen norddeutschen Truppenübungsplätzen werden Heideflächen jedoch fast ausschließlich durch Brand erhalten. Faunistische Untersuchungen in diesen Gebieten haben gezeigt, daß viele typische Heidetierarten dort in größeren Populationen vorkommen als im Naturschutzgebiet. Auch die Heideflächen im subkontinentalen Klimabereich Ostdeutschlands, zum Beispiel in der Lausitz, verdanken ihre Existenz einzig den dort immer wieder auftretenden Bränden.

Bei der Heidepflege ist es erstrebenswert, statische Leitbilder mehr und mehr aufzugeben und möglichst viel natürliche Dynamik zuzulassen. Verkusselte Heideflächen könnte man zum Beispiel in manchen Bereichen die gesamte Entwicklung bis zum Wald hin durchlaufen lassen, während man andernorts Waldflächen in Heide zurückführen könnte.

Wälder

Das Naturschutzgebiet Lüneburger Heide ist mit seiner knapp 12.500 ha umfassenden Waldfläche das größte Waldnaturschutzgebiet Niedersachsens. Wälder stellen in dieser Region auf fast allen Standorten das Endglied der natürlichen Vegetationsentwicklung dar. Es drängt sich deshalb die Frage auf, weshalb nicht zumindest die Wälder des Naturschutzgebietes ganz ihrer natürlichen Entwicklung überlassen werden.

Alte Waldbestände aus Buchen und Eichen, die in ihrem Artenspektrum unseren Vorstellungen von der potentiellen natürlichen Vegetation entsprechen, sind nur in geringen Resten vorhanden. Auch diese Bestände sind keineswegs Urwälder, sondern haben jahrhundertelange forstwirtschaftliche Behandlung hinter sich. Sie sind in der Regel einschichtig aufgebaut und setzen sich aus gleichaltrigen Baumindividuen zusammen. Würde man in diesen Beständen keine weitere Kronenpflege mittels regelmäßiger Durchforstung betreiben, würden die Baumindividuen rasch an Vitalität verlieren. Vorzeitiges Absterben, eventu-

Totholz ist Leben – dieser Buchenstamm war schon zu Lebzeiten von einem Pilz befallen. Als er schließlich morsch wurde und umstürzte, änderte die Pilzkonsole ihre Wuchsrichtung; seitdem wächst sie im 90-Grad-Winkel weiter.

Die Zauneidechse findet sich in Heidegebieten, an Waldrändern und in Gärten – in Niedersachsen steht sie auf der »Roten Liste« der vom Aussterben bedrohten Tiere.

ell auch Zusammenbrüche auf größerer Fläche, wären die Folge. Wertvolle Lebensräume für verschiedene Tier- und Pflanzenarten alter Laubwälder gingen verloren. In einer ungesteuert laufenden Verjüngung können sich eventuell Nadelbaumarten – Fichte, Douglasie und Japanlärche – stark ausbreiten. Das autochthone genetische Material der alten Laubwälder könnte dadurch verlorengehen.

Bei dem weitaus überwiegenden Teil der Waldgebiete des Naturschutzgebietes handelt es sich um die erste oder zweite Waldgeneration nach der Heideaufforstung, die noch durch die Pionierbaumart Kiefer geprägt ist. Diese Bestände können durch künstliche Maßnahmen (Pflanzungen) viel schneller mit fehlenden Baumarten der potentiellen natürlichen Waldgesellschaften angereichert werden, als dies im Zuge der natürlichen Entwicklung der Fall wäre.

Die Waldgebiete müssen also in erster Linie als Entwicklungsbereiche angesehen werden, deren Wert für den Naturschutz durch gezielte Pflegemaßnahmen konsequent verbessert wird. Die Entscheidung, ob man sie später großflächig der natürlichen Dynamik überläßt, bleibt kommenden Generationen vorbehalten. Bereits jetzt hat das Staatliche Forstamt Sellhorn drei besonders naturnahe Waldgebiete zu Naturwäldern erklärt, in denen jegliche Eingriffe unterbleiben. Die Naturwälder nehmen eine Fläche von insgesamt 205 ha ein und decken die wichtigsten Standorttypen des Naturschutzgebietes ab.

Auch in den Wäldern kommen verschiedene seltene und besonders gefährdete Tier- und Pflanzenarten vor. Dazu gehört der Schwarzstorch, der der Kategorie »vom Aussterben bedroht« (A1) der Roten Liste Niedersachsens zugeordnet ist. Zwei »stark gefährdete« Arten (A2 Rote Liste Bundesrepublik Deutschland) strukturreicher Heidegebiete finden im Naturschutzgebiet auch auf Waldlichtungen und in lichten Altbeständen Lebensraum (Ziegenmelker und Heidelerche). Von den Amphibien tritt der im niedersächsischen Flachland sehr seltene Feuersalamander in Wäldern des Naturschutzgebietes auf.

Feuchtgebiete (Moore, Quellbereiche, Bach- und Flußläufe, Teiche und Tümpel)

Die größeren Moore des Naturschutzgebietes sind durch Entwässerung und bäuerlichen Handtorfstich stark gestört. Industrieller Torfabbau ist hier jedoch nicht erfolgt. Im landesweiten Vergleich gehören sie deshalb sogar zu den besser erhaltenen Mooren. Das Konzept für diese Moore ist einfach und einleuchtend: Nach der Wiederherstellung des ursprünglichen Wasserhaushaltes sollen sie ganz der natürlichen Entwicklung überlassen bleiben.

Die Kleinsthochmoore und Heidemoore sind jedes für sich Kleinodien von höchstem Naturschutzwert. Ihr zahlreiches Vorkommen gehört zu den großen Besonderheiten des Naturschutzgebietes Lüneburger Heide. Die Heidemoore sind typische Elemente einer durch menschliche Eingriffe offen gehaltenen Landschaft. Ihre Erhaltung ist nur durch Pflegemaßnahmen in der sie umgebenen Heidelandschaft möglich.

Auch die Quellgebiete, Bäche und Flüsse sind teilweise bereits in einem sehr naturnahen Zustand. Andere Bereiche müssen noch renaturiert werden. Inwieweit man in diesen Landschaftsteilen landwirtschaftliches Grünland künftig ganz der natürlichen Entwicklung überläßt oder aus Artenschutzgründen und landschaftsästhetischen Gründen weiterhin künstlich offen hält, muß noch abschließend diskutiert werden – schließlich entwickelt sich auch der Naturschutz immer weiter.

Die Feuchtgebiete des Naturschutzgebietes beherbergen eine Vielzahl seltener Pflanzengesellschaften und zahlreiche bedrohte Tierarten. Der Waldwasserläufer, der in Niedersachsen vom Aussterben bedroht ist (Rote Liste A1), hat hier eines seiner ganz wenigen regelmäßigen Brutvorkommen. Als stark gefährdet gelten Brachvogel, Bekassine und das wohl nur unregelmäßig brütende Tümpelsumpfhuhn (Rote Liste Niedersachsen A2). Von dem stark gefährdeten Laubfrosch lebt eine große Population in einem Fischteichgebiet des Naturschutzgebietes. Die Feuchtgebiete sind Refugien für verschiedene sehr seltene Schmetterlings- und Libellenarten.

Eine Libelle hat sich an den mit Leimtröpfchen besetzten Blättern des Rundblättrigen Sonnentaus verfangen.

Das Naturschutzgebiet Lüneburger Heide hat einen herausragenden Wert für den Biotop- und Artenschutz. Der Schutz der natürlichen Dynamik spielt dagegen aus den dargestellten Gründen bisher nur auf kleineren Flächenanteilen eine Rolle; dies schmälert jedoch nicht den Wert dieses Naturschutzgebietes.

Ein besonderer Vorteil liegt in der erheblichen Flächengröße. So konnten Nutzungsintensivierungen und Überbauungen großräumig verhindert werden. Wegen der relativ geschützten Lage sind auch atmosphärische Stoffeinträge im landesweiten Vergleich eher gering. Deshalb können sich gerade die ansonsten besonders bedrohten Pflanzenarten und Pflanzengesellschaften nährstoffarmer Standorte halten.

Aus heutiger Sicht kann gesagt werden, daß sich das Konzept der Gründer, hier einen möglichst repräsentativen Ausschnitt typischer naturnaher Landschaft des pleistozänen Flachlandes Nordwestdeutschlands zu sichern, hervorragend bewährt hat. In keinem anderen niedersächsischen Schutzgebiet konnten so großräumig naturnahe Landschaftselemente innerhalb alter Kulturlandschaft erhalten werden wie im Naturschutzgebiet Lüneburger Heide. Dennoch ist hier – auch über 80 Jahre nach dem Beginn des Engagements des Vereins Naturschutzpark – noch viel Entwicklungsarbeit für den Naturschutz zu leisten. Für die Bewirtschaftung der privaten landwirtschaftlichen Nutzflächen und des Privatwaldes im Schutzgebiet müssen sinnvolle Konzepte gefunden werden. Die Fortsetzung der Flächenankäufe für Naturschutzzwecke ist notwendig. Die bestehenden Naturschutzkonflikte durch militärische Übungen, Grundwasserentnahme, Massentourismus und anderes bedürfen dringend einer Lösung.

Trotz der großen Kontinuität der Naturschutzarbeit kann das Naturschutzgebiet Lüneburger Heide auch heute noch nicht als gesichert gelten. Ob seine Bewahrung auch künftig möglich ist und ob sich sein Schutz immer weiter verbessern läßt, wird davon abhängen, ob sich immer genügend Menschen finden, die bereit sind, sich dafür zu engagieren.

Naturschutzprobleme

Militärische Nutzung als Panzerübungsgelände

Die britische und die kanadische Besatzungsarmee beschlagnahmten nach dem Zweiten Weltkrieg zu Panzerübungszwecken im Naturschutzgebiet fast 3.000 ha Land; geübt wurde anfangs bis an den Fuß des Wilseder Berges. 1956 zogen sich die Briten nach heftigen Protesten, an denen sich verschiedene Jugendverbände und prominente Persönlichkeiten (zum Beispiel Herbert Wehner) beteiligten, aus einem fast 600 ha großen Heidestück westlich der Straße Wintermoor – Behringen zurück. Die Kanadier verließen den Bereich fast vollständig. Erst am 1.7.1961 trat das Soltau-Lüneburg-Abkommen in Kraft, in dem der britischen Armee ein Gebiet für Panzerübungen zugewiesen wurde. Insgesamt handelt es sich hierbei um einen Schlauch, der von Soltau bis Lüneburg reicht und etwa 345 km^2 groß ist. Insofern kann man dieses Gebiet als einen von Zivilpersonen bewohnten Truppenübungsplatz bezeichnen. Innerhalb dieses Gebietes befinden sich mehrere »Rote Flächen«, die speziell für intensive Panzerübungen genutzt werden. Zwei dieser »Roten Flächen« liegen im Naturschutzgebiet Lüneburger Heide. Etwa 1.800 ha, davon über 1.600 im Besitz des Vereins Naturschutzpark, werden hier durch Panzerfahrten in Mitleidenschaft gezogen. Dem Verein sowie den weiteren Grundeigentümern wurden Nutzungs- und Gestattungsverträge aufgezwungen – mit der in der Präambel der Verträge offen dargelegten Drohung, bei Weigerung das Land zu enteignen.

In den Jahren 1975/76 strengte der Verein unter Berufung auf ein 1974 erstelltes Rechtsgutachten, das den Vertrag als verfassungswidrig einstuft, eine Klage gegen das Soltau-Lüneburg-Abkommen an. Der Prozeß wurde 1979 jedoch verloren. Die Briten verfügen also weiterhin über ein Panzerübungsgebiet im Naturschutzgebiet Lüneburger Heide.

Eine Nutzung des Naturschutzgebiets für militärische Zwecke ist schon deshalb nicht einsichtig, weil in unmittelbarer Nachbarschaft dieses Gebietes Übungsflächen von über 60.000 ha zur Verfügung stehen (Munster, Bergen, Ehra-Lessien) und die im Naturschutzgebiet Lüneburger Heide in Anspruch genommenen Heideflächen lediglich sechs Prozent des britischen Übungsgeländes in der Bundesrepublik ausmachen. Weiterhin ist der Flächenanspruch der Briten unverhältnismäßig groß im Vergleich zu anderen auf Bundesgebiet übenden Armeen. Während sich die Kanadier und die Franzosen mit Übungsplätzen von unter 100 ha Durchschnittsgröße zufriedengeben und auch Amerikaner und Belgier die 200-ha-Marke nicht überschreiten, stehen die Briten mit 528 ha Durchschnittsgröße bei Übungsgeländen weit an der Spitze.

Wenn die Briten also diesen Teil der Heide verließen, wäre es für sie – zumal die Stärke ihrer Rhein-Armee in Deutschland von 55.000 auf 20.000 Mann reduziert wird – ein unwesentlicher Verlust, für das Naturschutzgebiet aber ein großer Gewinn. Inzwischen scheint festzustehen, daß die »Roten Flächen« des Naturschutzgebietes im Laufe des Jahres 1994 von den Briten zurückgegeben werden sollen; dann kann endlich mit der Wiederherrichtung und Renaturierung dieses Gebietes begonnen werden. Die Heideflächen des Naturschutzgebietes würden davon sehr profitieren, sie könnten um fast 50 Prozent ausgedehnt werden.

Da das Gelände als reines Panzer-Übungsgebiet kreuz und quer durchfahren und durchwühlt ist, findet sich nur noch vereinzelt Vegetation. Allerdings scheint die Natur eine große Regenerationsfähigkeit zu besitzen: Flächen, die erst vor wenigen Jahren aus dem Übungsbetrieb herausgenommen wurden, werden schon wieder durch eine typische Ödlandflora besiedelt. Es fragt sich aber, ob eine weitere Entwicklung dieser Pflanzenbesiedlung, eine natürliche Sukzession, durch die mit Sicherheit vorhandenen Veränderungen im Untergrund überhaupt noch im Sinne des Naturschutzes wertvolle Pflanzengesellschaften ergeben kann.

Das britische Panzerübungsgelände gleicht einer Wüstenlandschaft.

Die derzeit sichtbaren Schäden sind groß, die unsichtbaren möglicherweise noch wesentlich größer. Jahrzehntelang wurde Bauschutt zur Wegebefestigung in die Panzerflächen gebracht; Öl- und andere Rückstände können überall vermutet werden, sind jedoch nicht kartiert und deshalb nur per Zufall aufzufinden. Die Renaturierung dieser Flächen wird möglicherweise Jahrzehnte dauern, die Kosten lassen sich überhaupt nicht abschätzen.
Auch die Belastung durch Staub ist immens. In einem Luftkurort müssen die Staubwerte in der Luft weniger als 50 Mikrogramm pro Kubikmeter betragen, die gesetzlichen Bestimmungen für andere Gebiete legen einen Jahresmittelwert von 150 Mikrogramm pro Kubikmeter fest. Gemessen wurden im Mai 1989 mittlere Konzentrationen von 615 mit Spitzenwerten bis 4.200 Mikrogramm pro Kubikmeter, die zu mehr als 95 Prozent auf Panzerbewegungen zurückzuführen waren. Die Größenverteilung bei den Staubpartikeln liegt in einem Bereich, in dem 30 bis 100 Prozent im oberen Atemtrakt des Menschen deponiert werden. Die Luftbelastung durch Dieselabgas erreicht diesen Untersuchungen zufolge in Panzernähe Spitzenwerte von 1.200 Mikrogramm pro Kubikmeter.

Grundwasserentnahme

Jeder Einwohner Mitteleuropas verbraucht täglich rund 140 Liter Wasser – davon nur einen geringen Teil zum Trinken und Kochen, den größten für die Toilettenspülung. Hinzu kommen noch der Wasserverbrauch für öffentliche Gebäude (zum Beispiel Schwimmbäder), für landwirtschaftliche Bewässerungen und für die Industrie. So werden bis 500 Liter pro Person/Tag erreicht. Dagegen gilt die Wasserverfügbarkeit in unserem Land im Weltvergleich als gering, sie wird genauso klassifiziert wie in der Sahara und der Sahel-Zone. Würden wir allein vom sogenannten »stabilen Abfluß« der Flüsse und Seen ins Meer, von dem auf Jahrhunderte hinaus verfügbaren, »überflüssigen« Wasser leben, so müßten wir den Verbrauch auf unter 10 Liter pro Person/Tag reduzieren. Selbst wenn durch mehrfache Nutzung des Wassers – besonders in der Industrie als Kühlwasser – die

Hanstedter Rinne (vereinfacht)

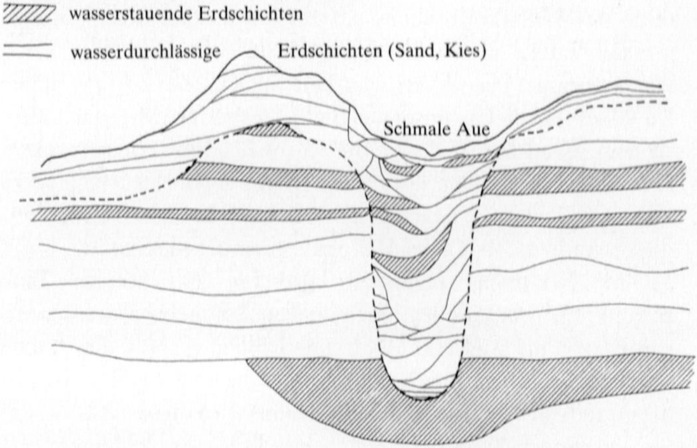

Im Bereich der Rinnenbildung sind die wasserstauenden Schichten nicht geschlossen, die verschiedenen Grundwasserstockwerke nicht voneinander getrennt. Wird aus der Tiefe Trinkwasser gefördert, so füllt sich dieses Reservoir aus den oberen Schichten wieder auf. Oberflächennah sinkt somit der Grundwasserspiegel, Feuchtgebiete fallen trocken.

Verfügbarkeit gesteigert werden könnte, leben wir auch im Bereich des Wasserverbrauchs auf Kosten unserer Nachkommen und der Natur.

Diese geringe Wasserverfügbarkeit liegt an der extrem hohen Bevölkerungsdichte unseres Landes. Etwa 80 Millionen Einwohner leben auf 357 000 km^2, also 224 Einwohner pro km^2 (Nordrhein-Westfalen: über 500). Damit gehört Deutschland zu den am dichtesten bevölkerten Ländern der Erde. Zum Vergleich: Indien 240, China 105, Äthiopien 27, Mexiko 37.

In der Nordheide lagern in 100 bis 200 Metern Tiefe Braunkohlensande. Hier hinein haben Schmelzwässer der Elster-Eiszeit bis etwa 300 Meter tiefe Rinnen gespült, die ähnlich wie eine Drainage das besonders weiche und saubere Wasser dieser tiefen Schichten sammeln. Heute wird dieses Wasser, das also zu großen Teilen seit zigtausend Jahren im Erdinnern eingeschlossen war, als Trinkwasser gefördert, da die meisten Oberflächengewässer und auch die oberen Grundwasserschichten durch menschliche Einflußnahme zu stark verschmutzt sind, als daß sie noch ohne aufwendige und kostspielige Reinigungsmaßnahmen für Trinkwasserzwecke zu nutzen wären.

Aus diesem Grunde haben auch die Hamburger Wasserwerke den einfacheren Weg vorgezogen, nicht das Elbwasser zu reinigen, sondern Frischwasser aus dem Nordbereich der Heide zu fördern. Aufgrund der von den Behörden bewilligten hohen Fördermenge von 25 Millionen Kubikmetern pro Jahr ist schon nach den ersten beiden Jahren der Wasserförderung der Grundwasserspiegel in weiten Bereichen an der Nordgrenze des Naturschutzgebietes um bis zu zwei Meter abgesunken. Trotz der dann erfolgten Reduzierung der Fördermenge auf etwa 15 Millionen Kubikmeter pro Jahr haben sich die Grundwassersenkungen fortgesetzt.

Problematisch ist dies vor allem für Bachläufe und Feuchtgebiete; Heideflächen, zumindest die Sandheiden, haben keinen Grundwasseranschluß und sind deshalb nicht gefährdet.

Der Fehler der Geologen des Wasserwerkes lag in der Annahme, die einzelnen Grundwasserstauwerke seien voneinander unabhängig. Man äußerte, die vielen in unterschiedlicher Bodentiefe vorkommenden wasserstauenden Lehmschichten würden die einzelnen Grundwasserschichten voneinander abdichten, ein Nachfließen der oberen Grundwässer in die tieferen Schichten sei also nicht möglich. Doch diese wasserleitenden Aquifere sind nicht vollends voneinander getrennt: Gerade im Norden des Naturschutzgebietes sind in bestimmten Bereichen, den Rinnen, wie zum Beispiel der Hanstedter Rinne, die wasserstauenden Schichten versetzt angeordnet, bilden also keine durchgängige Lage. Insofern wird das in großen Tiefen abgepumpte Wasser von oben wieder erneuert, Wasser sickert nach, die oberen Grundwasserschichten werden entleert. Als Folge führen die Heidebäche weniger Wasser; die Niedrigwasserstände dauern länger. Quellen versiegen, und einige der besonders wertvollen und seltenen Heidemoore und Kleinsthochmoore vertrocknen. Zusammen mit den Lebensräumen verschwinden auch seltene, zum Teil hochspezialisierte Tier- und Pflanzenarten. Sie werden abgelöst durch Arten, die lange ohne Wasser auskommen.

Atmosphärische Stoffeinträge

Eigentlich seit Beginn der Industrialisierung, in verstärktem Maße aber erst seit dem Wiederaufbau nach dem Zweiten Weltkrieg, werden in immer noch steigenden Mengen die sogenannten fossilen Brennstoffe Kohle, Öl und Gas in Kraftwerken, in der Großindustrie, aber auch im Straßenverkehr und bei der Heizung von Wohnhäusern verfeuert. Da alle diese Stoffe einen gewissen Schwefelanteil enthalten, wird beim Verbrennen Schwefeldioxid freigesetzt, das mit der Luftfeuchtigkeit zu schwefliger Säure reagiert. Hatte diese Schwefeldioxid-Emission bezogen auf die Fläche der alten Bundesrepublik um die Jahrhundertwende noch etwa eine Million Tonnen betragen, so stieg sie um 1975 auf Werte von annähernd vier Millionen Tonnen. Noch gravierender sind die Steigerungen bei Stickoxiden (Autoverkehr) und Ammonium (Massenviehhaltung).

Der Stickstoff aus der Luft wirkt hierbei auf den Boden sowohl

versauernd als auch düngend. Für die Moor- und Heideflächen ist die düngende Wirkung dabei besonders bedenklich. Diese beiden Ökosysteme leben durch die Nährstoffarmut ihrer Böden; hier sind keine anderen Pflanzen konkurrenzkräftig genug, um der Heide bzw. dem Torfmoos das Licht zu nehmen. Regnet nun Stickstoff-»Dünger« herab, so werden Gräser und die Verjüngung von Bäumen gefördert, die Konkurrenzkräfte der ursprünglichen Pflanzen, also der Torfmoose und der Heide, gleichzeitig herabgesetzt. Dadurch wird das gesamte Ökosystem empfindlich gestört.
Im Wald zeigt sich diese Belastung durch atmosphärische Stoffeinträge nicht nur beim Absterben von alten Bäumen als Folge der Säurewirkung der Luftschadstoffe – das bekannte Waldsterben –, sondern auch durch eine Veränderung der Bodenflora: Stickstoff-anzeigende Pflanzen siedeln sich an. Seit Ende der achtziger Jahre finden sich im Wald stickstoffliebende Pflanzen wie Brennesseln, während andererseits ein Verlust an vielen seltenen, stickstoffmeidenden Pflanzen zu verzeichnen ist.
Durch verschiedene chemische Prozesse im Boden werden einzelne Nährstoffe zuviel, andere zu wenig angeboten. Der Stoffwechsel der Bäume gerät aus der üblichen Bahn. Inzwischen zeigen alle Baumarten Schädigungen, sei es durch Abfallen der älteren Nadeln, durch Abwurf der Blätter im Spätsommer, durch Ausdünnung der Kronenverzweigung, durch Risse im Stamm oder viele andere Symptome mehr.
Auswirkungen ergeben sich auch für das Grundwasser, das nun mit Säure und verschiedenen Nährstoffen aus dem Boden befrachtet wird, und in der Folge für die Bachläufe.

Massentourismus

Die negativen Auswirkungen des Massentourismus sind bereits früh erkannt worden. Ernst Rudorff, einer der bedeutenden Vordenker des Deutschen Naturschutzes, fragte schon 1880: »Sind wir poetischer, idealer geworden, seit das Reisen en masse in Mode gekommen ist?« und gibt folgende Antwort: »Man müßte blind sein oder der Wahrheit geflissentlich den Rücken kehren, wenn man nicht zugeben wollte, daß gerade das Gegenteil der Fall ist. Die Majorität aus allen Schichten der Gesellschaft ist und bleibt trivial. Wenn diese Leute auf Reisen gehen, so wollen sie im Grunde nichts als einmal eine Veränderung des Lokals, um dann draußen dasselbe Treiben fortzusetzen, das sie zuhause verlassen haben. ... Wohl werden sich Ausnahmen finden. Bei den meisten aber handelt es sich um Kneipereien in veränderter Form, höchstens zugleich um eine Befriedigung der Neugier. Hier wie dort dieselben Nichtigkeiten im Kopf und auf der Zunge, derselbe Plunder von Eitelkeit, Leichtfertigkeit, Albernheit, rein äußerlicher Vergnügungssucht; das alles ist mit auf die Reise gegangen und macht sich in freier Luft nur umso widerlicher breit. Ist es schön und richtig, daß zum Besten dieser Leute, für die ein brillanter Kaffeegarten vor der Stadt mit bunten Lampions, guter Küche, gutem Getränk und Tanzmusik der ganz entsprechende Aufenthalt wäre, eine Stelle wie das Roßtrappental banalisiert wird?

Alle Zurüstungen, die gemacht werden müssen, um solchem Publikum gefällig zu sein, alle die Spuren, die es zurückläßt, verwischen den ursprünglichen Charakter einer Gegend so vollständig, drücken ihr so deutlich das Gepräge des Entweihten, Verbrauchten auf, daß es einem feineren Sinn kaum gelingen wird, unter dem Bann dieser Eindrücke noch einigermaßen Empfänglichkeit für das zu bewahren, was nicht zerstört werden konnte ...«

Der zeitgenössische Autor André Heller kommt im Rahmen einer Rede auf dem Forum für Tourismus der Schweizerischen Verkehrszentrale zu einem noch vernichtenderen Urteil: »... Das Reisen, meine Damen und Herren, war ursprünglich eine Tat der Gottsuchenden und später der Handeltreibenden, noch später der Eroberer und ganz spät eine der Touristen. Man begreift, es kam jeweils Schlimmeres nach. Das Wesen einer Reise war das Erfahren des sogenannten Anderen, denn im Grunde liegt das Wunderbare nicht in dem verborgen, was wir gemeinsam haben, sondern in dem, was uns voneinander unterscheidet. Um so verurteilungswürdiger ist die Tatsache, daß, wenn Millionen und Abermillionen unterwegs sind, um Unterschiede und Eigenart von Menschen, Orten und Landschaften zu erfahren, sich eben diese Unterschiede und Eigenarten im Schutt der Vereinheitlichung aufzulösen beginnen. Auch dies ist unumstößliches Gesetz: Der Einfall touristischer Horden führt zur Ausrottung des Schönen ...«

Die Gefahren, die einem Naturschutzgebiet durch Tourismus drohen, waren den Gründern des Naturschutzparks Lüneburger Heide durchaus bewußt. Ihrem Konzept zufolge sollte ein Teil des Parks dem normalen Besucher verschlossen bleiben und auch kein Wegenetz erhalten, ein anderer Teil für Besucher geöffnet werden, die sich dort jedoch möglichst nur unter sachkundiger Führung bewegen sollten. Man erkannte den auflebenden Tourismus als Wirtschaftsfaktor für die umliegenden Gemeinden und erhoffte sich deshalb von dort Unterstützung für das Projekt Naturschutzpark. Floericke schreibt 1911: »Wenn ich oben wiederholt auf die von den Naturschutzparken zu erwartende und der Umgebung zugute kommende Steigerung des Fremdenverkehrs hinwies, so soll damit natürlich keineswegs gesagt sein, daß wir nun unsere Parks zu einem Tummelplatz ungebändigten Touristentums machen möchten. Im Gegenteil werden wir allen Auswüchsen des Touristentums von allem Anfang an mit größter Energie entgegenzutreten haben und wir wissen uns in dieser Beziehung eins mit allen anständig denkenden und gut geleiteten Touristenvereinen. Von der Art und Weise, wie sich das Publikum benimmt, wird es abhängen, bis zu welchem Grade die Parke ihm zugänglich gemacht werden können. Hier wird nur die praktische Erfahrung unsere Lehrmeisterin sein können ...«

Diese praktischen Erfahrungen führten in den 20er Jahren zur Einrichtung einer Heidewacht, eines Informations- und Aufsichtsdienstes mit überwiegend pädagogischen Funktionen, der die Besucher über alle Bedürfnisse des Schutzgebietes aufklären sollte. Leider ist die Heidewacht während des Nationalsozialismus wieder abgeschafft worden.

In der Zeit nach dem Zweiten Weltkrieg wurde der Naturschutz zugunsten der Entwicklung einer Erholungslandschaft vernachlässigt. Auch wenn Ziele wie die Erhaltung des Charakters der Landschaft, historischer Ortsbilder und weitläufiger verkehrsfreier Bereiche beibehalten wurden, sind die Wurzeln verschiedener Fehlentwicklungen im Bereich des Tourismus, die inzwischen erhebliches Konfliktpotential bilden, in dieser Zeit zu suchen. Das Naturschutzgebiet Lüneburger Heide wurde zu einem großräumigen Landschaftsmuseum umfunktioniert, gestalterische Maßnahmen richteten sich nicht mehr nach der bestmöglichen Wirkung für die freilebende Tier- und Pflanzenwelt, sondern zielten auf den ästhetischen Effekt für den Betrachter. Ethisch motivierter Naturschutz im Sinne des Schutzes der Lebensgemeinschaften von Tieren und Pflanzen um ihrer selbst willen blieb auf der Strecke. Folge war ein erheblicher Rückgang typischer Tier- und Pflanzenarten und damit eine Veränderung des Landschaftscharakters. Die Heide wurde zu jener Bilderbuchlandschaft mit weitläufigen, gleichförmigen, von einzelnen Wacholdergruppen durchsetzten Calluna-Flächen, in denen – selbstverständlich traditionell gekleidete – Schäfer mit ihren Schnuckenherden umherzogen, wie man es aus den Prospekten der Fremdenverkehrswerbung kennt.

Die Entwicklung des Schutzgebietes Lüneburger Heide vom Naturschutzpark zum Touristenpark hat eine weitere häßliche, jedoch folgerichtige Begleiterscheinung: die hemmungslose Kommerzialisierung. Der Pferdekutschenbetrieb verlagert sich zur Zeit von örtlichen Landwirten auf Unternehmer, die bis über 20 Kutschen betreiben. Auf die Pferde wird oft wenig Rücksicht genommen; von dem Kutscher, der kein Einheimischer ist, erfahren die Besucher nichts mehr über die Besonderheiten von Land und Leuten.

Obwohl die Heide im Naturschutzgebiet überhaupt nicht und außerhalb nur bis zum Umfang eines Handstraußes, nicht jedoch für gewerbliche Zwecke gepflückt werden darf, wird dem Besucher an jeder Ecke Heidekraut in Form von Körben, Kränzen und Sträußen angeboten. In manchen Dörfern gehören noch nicht schulpflichtige Kinder, die am Straßenrand hocken und in

Pappkartons Heidesträuße anbieten, bereits zum Ortsbild. Gerade die Auswüchse der Kommerzialisierung tragen dazu bei, daß der Ruf des Naturschutzgebietes Lüneburger Heide in der am Naturschutz interessierten Öffentlichkeit ruiniert wurde. So schreibt der Marburger Zoologe Remmert in seinem 1989 erschienenen Taschenbuch »Naturschutz«: »Jeder kennt das Phänomen, wie aus Naturschutzgebieten Müllplätze, Sportplätze, Bauplätze, Campingplätze wurden, wie das große Naturschutzgebiet Lüneburger Heide zum Folklorefestival degenerierte.«

Wie können Lösungen aussehen, die aus dem Dilemma herausführen, das der Massentourismus in der Lüneburger Heide geschaffen hat? Hans Bibelriether, der Leiter des Nationalparks Bayerischer Wald, hat darauf hingewiesen, daß Naturschutz und Tourismus auf die Erhaltung derselben Ressourcen angewiesen sind und daß beide deshalb von der Sache her Verbündete sein müßten. Nur eine intakte Landschaft wird dauerhaft Anziehungskraft für Besucher haben. Raubt man einer Landschaft ihren natürlichen Charakter und macht sie zu einem Rummelplatz, setzt man sie den ständig wechselnden Moden aus. Das Tourismusgewerbe gefährdet dadurch seine eigene Existenz. Gerade das Naturschutzgebiet Lüneburger Heide könnte gute Voraussetzungen für eine vernünftige Koexistenz von Naturschutz und Tourismus liefern. Die Landschaft ist großräumig, und die Kerngebiete sind nicht mit Kraftfahrzeugen zu erreichen. Viele Teile erreichen Besucher deshalb erst am späten Vormittag und verlassen sie bereits im Laufe des Nachmittags wieder. Die für viele freilebende Tierarten besonders wichtigen Zeiten des frühen Morgens und des Abends bleiben ungestört. Die große Zahl der Besucher konzentriert sich auf die Monate August und September, die Zeit der Heideblüte. Zu dieser Zeit ist die Fortpflanzungsperiode der meisten Tierarten bereits vorbei, die Natur ist weniger empfindlich. Würden sich alle an die im Naturschutzgebiet geltenden Regeln halten – insbesondere Einhaltung des Wegegebots und Leinenführung von Hunden – könnten recht viele Besucher verkraftet werden. Das wird sich ohne die Einführung eines Informations- und Ordnungsdienstes, wie er in den 20er Jahren als Heidewacht schon einmal arbeitete, jedoch nicht erreichen lassen. So eine Heidewacht könnte mit großer Breitenwirkung Umwelterziehung betreiben. In unserem dicht besiedelten Land mit ständig wachsenden ökologischen Problemen ist Umwelterziehung eine dringend nötige Investition für die Zukunft. Ein Naturschutzgebiet, in dem sich Menschen in entspannter Freizeitsituation aufhalten, bietet dafür zahlreiche Möglichkeiten, die künftig genutzt werden sollten. Eine Heidewacht, die vor allem informiert und aufklärt, für den Besucher ein kompetenter und freundlicher Ansprechpartner ist, dürfte auch die Attraktivität des Gebietes für einen naturbezogenen »sanften« Tourismus erhöhen. Diesem Anliegen dienen auch drei im Naturschutzgebiet vorhandene Naturinformationshäuser, die in ihrem Angebot noch weiter optimiert werden könnten. Ein so verstandener Tourismus sollte Besucher ansprechen, die selbst am Schutz der Natur interessiert sind und die deshalb bereit sind, sich mit Achtsamkeit in einer Landschaft zu bewegen und die Natur erleben und verstehen lernen wollen. In dieser Weise interessierte Besucher werden sich von dem Massenansturm, wie man ihn jetzt zu Spitzenzeiten erlebt und der ein Naturerlebnis unmöglich macht, abgestoßen fühlen. Es wird deshalb zukünftig um eine Entflechtung und Reduzierung des Besucherstroms insgesamt gehen. Möglichkeiten dazu liegen in einer Kontingentierung der Pferdekutschen, einer Reduzierung des Parkraumes für Autos und der Schaffung attraktiver Alternativangebote in der Umgebung des Naturschutzgebietes. Keinesfalls darf aber daran gedacht werden, die Besucher durch zusätzliche Angebote stärker auf die unterschiedlichen Jahreszeiten zu verteilen. Im Winter und Frühjahr ist Ruhe für die Natur überlebenswichtig.

Voraussetzung für die Lösung der Konflikte zwischen Naturschutz und Tourismus wäre eine umfassende Analyse des Fremdenverkehrs und seiner Entwicklungstrends im Bereich des Naturschutzgebietes. Auf der Grundlage einer solchen Analyse könnten Fachleute des Naturschutzes und des Fremdenverkehrs gemeinsam ein Konzept für naturverträglichen Tourismus im

Naturschutzgebiet Lüneburger Heide entwickeln, für das bei den beteiligten Gemeinden und Fremdenverkehrsverbänden um Akzeptanz geworben werden müßte.
Die Verantwortlichen für den Naturschutz bemühen sich schon heute, dem gesetzlichen Auftrag des Vorrangs von Naturschutz bei den Pflegemaßnahmen wieder Geltung zu verschaffen. In der Heidelandschaft steht deshalb inzwischen die Förderung der typischen Lebensgemeinschaften und das Zulassen natürlicher Entwicklungen im Vordergrund. Das Vorkommen der Bilderbuchheide wird sich künftig auf die Prospekte der Fremdenverkehrswerbung beschränken. Die neuentstandene Vielfalt wird die Heidelandschaft für den naturinteressierten Besucher jedoch besonders reizvoll machen.

Ausstellungen, Informationen

Heidemuseum Wilsede »Dat ole Huus«
Wer Interesse an heidebäuerlicher Wohnkultur hat, der darf das Heidemuseum nicht verpassen. Vieles an der eigentümlichen Heidelandschaft wird erst verständlich, wenn man weiß, mit welchem Arbeitsaufwand die Kulturlandschaft Heide durch unsere Vorfahren bearbeitet wurde.
Das Gebäude des Heidemuseums stammt aus dem Jahr 1742. 1907 wurde es an seinem ursprünglichen Standort in Hanstedt abgebaut, nach Wilsede gebracht und dort als Museum wieder aufgebaut. Idee und Ersteinrichtung stammten vom Dorflehrer Dageförde, der schon jahrelang einen passenden Ort für das von ihm angestrebte Museum gesucht hatte. Als er über Pastor Bode von dem Ankauf des Totengrundes für Naturschutzzwecke hörte, stand für ihn der richtige Platz für das Museum fest.
In einem solchen Bauernhaus lebten die Menschen und das Vieh neben- und miteinander unter einem Dach. Die Stalldünste wurden überdeckt durch den Rauch des offenen Herdfeuers: Weil ein Kamin fehlte, hing der Rauch stets im Haus. Er hielt das Ungeziefer fern, trocknete die Ernte auf dem Dachboden und machte die Schinken, Speckseiten, Würste und Brote haltbar, die hoch oben im »Räucherdiemen« unter den Dachbalken aufbewahrt wurden.
Bode schrieb 1913 über das Heidemuseum: »Der Wert guter Anschauungsmittel ist allgemein anerkannt. Wem die Volksbildung am Herzen liegt, der wurde durch die Wucht der Verhältnisse förmlich dazu gedrängt, ein Heidbauernheim, diesen ältesten Typus des niedersächsischen Hauses, wie es ohne wesentliche Wandlung von der Zeit des großen Karl bis zu der des großen Napoleon aussah, der Nachwelt zu erhalten; und wer Wilsede kannte, wußte auch, wo die Natur den ansprechendsten Rahmen für dies Heimathaus geschaffen hatte. Museum ist eigentlich

keine zutreffende Benennung. Museen sind Kirchhöfe für Kulturerscheinungen. Hier aber flutet warmes Leben. Man hat gar nicht den Eindruck, als ob ›gesammelt‹ wäre. Man fühlt, wie man als Kind fühlte, wenn man im großelterlichen Hause zu Besuch war. Leise durchschreitet man die Räume, und jedesmal, wenn man eine Tür öffnet, glaubt man, die Altvorderen persönlich bei ihrer gewohnten Beschäftigung zu finden.«
Heidemuseum »Dat ole Huus«
Wilsede, Tel. 04175/673 und 445
Öffnungszeiten: Mai bis Oktober täglich 10–13 und 14–17 Uhr
Eintrittspreise: Erwachsene DM 2,– /Kinder und Jugendliche DM 1,–.

Haus der Natur in Döhle
Alle, die auf anschauliche Weise etwas über die Tier- und Pflanzenwelt des Naturschutzgebietes erfahren wollen, werden im Haus der Natur in Döhle auf ihre Kosten kommen. Kinder freuen sich über die lebendig gestalteten Schaukästen, aber auch Erwachsene können immer neue Feinheiten in der Ausgestaltung der Lebensräume erkennen. In neun unterschiedlich großen Dioramen sowie einigen weiteren Modellen wird der Artenreichtum des Naturschutzgebiets dargestellt. Diese Ausstellung beschränkt sich nicht auf die reinen Heidegebiete, sondern zeigt zu den verschiedenen Jahreszeiten die Vielfalt aller vorkommenden Landschaftstypen. Nicht nur größere Tiere wie Rehe, Füchse, Kaninchen im Bau, Wildschweine etc. sind zu sehen, sondern auch die kleinen zu der Lebensgemeinschaft gehörenden Arten (Mäuse, Käfer, Schmetterlinge) sowie die dazugehörige Pflanzenwelt. Vielfach kann man diese Tiere nicht nur sehen, sondern auch hören. So werden in dem Diorama »Frühlingsmorgen vor Sonnenaufgang« dreizehn verschiedene Vogelarten in der Morgendämmerung gezeigt. Der Besucher kann auf Knopfdruck den gewünschten Vogel beleuchten und gleichzeitig dessen Gesang vernehmen.
Zusätzlich wird auf Wunsch ein Video-Film über das Naturschutzgebiet Lüneburger Heide gezeigt.

Die Ausstellung befindet sich in einem (schornsteinlosen) »Rauchhaus«, das inzwischen über 200 Jahre alt ist. Der Verein Naturschutzpark hat dieses Gebäude 1964 angepachtet, um es als Baudenkmal zu erhalten.
Haus der Natur
2115 Döhle
Dorfstr. 38, Tel. 04175/1615
Öffnungszeiten: Mai bis September, Dienstag bis Sonntag von 10–12 und von 14–17 Uhr
Eintrittspreise: Erwachsene DM 2,–/ Kinder und Jugendliche DM 1,–.

Naturinformationshaus Niederhaverbeck
Das Naturinformationshaus Niederhaverbeck ist als Anlaufstelle für alle gedacht, die sich mit der bizarren Heidelandschaft und der Naturschutzproblematik eingehender auseinandersetzen wollen. Geboten werden in der Hauptausstellung reich illustrierte Sachinformation auf Stelltafeln. Dabei werden die einzelnen Landschaftstypen des Naturschutzgebietes Lüneburger Heide, die geschichtliche Entwicklung und die gegenwärtigen Probleme des Naturschutzgebietes vorgestellt.
Die wichtigste Literatur über das Naturschutzgebiet ist einsehbar. Auf Wunsch wird ein Video-Film gezeigt, der alle Informationen noch einmal zusammenfaßt. Ein gesonderter Ausstellungsteil behandelt das Thema »Bienen und Imkerei«.
Die Ausstellung befindet sich in dem Hans-Pforte-Haus. Der Harburger Hans Pforte hat mit einer letztwilligen Verfügung dem Verein Naturschutzpark den Aufbau der Naturinformationshäuser ermöglicht.
Naturinformationshaus
3045 Niederhaverbeck
»Hans-Pforte-Haus«
Ecke Wilseder Straße, Tel. 05198/379
Öffnungszeiten: Mai bis Mitte Oktober, Dienstag bis Sonntag von 10–13 und 14–17 Uhr
Eintritt frei, Spende erbeten

Naturinformationshaus Undeloh

Die Ausstellung in Undeloh ist gleichermaßen für Kinder wie für Erwachsene geeignet. Anhand von Modellen und Schaukästen werden dem Besucher Zusammenhänge in bezug auf Geschichte und Naturkunde verdeutlicht.

Die Heidelandschaft ist ohne Kenntnis ihrer Natur- und Kulturgeschichte kaum verständlich, deshalb zeigen verschiedene Dioramen die Veränderung der Landschaft im Laufe der letzten Jahrtausende.

Des weiteren wurde ein Erlebnisraum für Kinder eingerichtet, in dem zum Beispiel mittels eines Mikroskops kleine Geheimnisse der Natur enträtselt werden können. Man kann nacherleben, wie sich Tiere in ihren Höhlen fühlen und seine Eindrücke von der Landschaft malen und ausstellen.

Ein Video-Film über die Heide sowie wechselnde Fotoausstellungen zu den Themenbereichen Natur, Kultur und Erholung ergänzen das Angebot.

Naturinformationshaus »Seume-Haus«
2111 Undeloh
Wilseder Str. 23, Tel. 04189/294
Öffnungszeiten: Mai bis Mitte Oktober von Dienstag bis Sonntag, 10–13 und 14–17 Uhr
Eintritt frei, Spende erbeten

Neben diesen Häusern des Vereins Naturschutzpark befinden sich außerhalb des Naturschutzgebietes Lüneburger Heide noch weitere interessante Museen, die einen Eindruck in die Arbeits- und Lebensweise der Heidebauern ermöglichen.

Freilichtmuseum am Kiekeberg

In diesem Freilichtmuseum läßt sich die ländliche Kulturgeschichte der Lüneburger Heide in über 20 alten Gebäuden kennenlernen. Eine Sammlung alter landtechnischer Maschinen dürfte das technisch interessierte Publikum reizen.

Zu bestimmten Zeiten werden die alten Dorfhandwerke vorgeführt: Kornmahlen, Backen im Steinofen, Schmieden und We-

ben. Außerdem finden verschiedene Vortragsveranstaltungen, Kurse und Lesungen statt.
Freilichtmuseum am Kiekeberg
Am Kiekeberg 1, 2107 Rosengarten-Ehestorf,
Tel. 040/7907662 und 7906357
Öffnungszeiten: März bis Oktober von Dienstag bis Freitag 9–17 Uhr sowie Sonnabend und Sonntag 10–18 Uhr, von November bis Februar Dienstag bis Sonntag 10–16 Uhr

Museumsdorf Hösseringen, Landwirtschaftsmuseum Lüneburger Heide
Auf dem zehn Hektar großen Areal dieses Museumsdorfes werden nicht nur alte Hofgebäude in heideüblicher Siedlungsform, also in einem Haufendorf und als Einzelhof (aus dem 17. Jh.) gezeigt; großer Wert wird auch auf die passende Umgebung gelegt mit typischen Baumbeständen, kleinen Feldern mit Roggen, Hafer, Buchweizen, zwei bewirtschafteten Gärten, dazu natürlich auch »Allmende«, also Heide und Ödland. Durch Tierhaltung kommt Leben ins Dorf. In einigen Scheunen sind Ausstellungen zu sehen, die anderen Gebäude sind so eingerichtet, wie es zu jeweils einem bestimmten Zeitpunkt üblich war.
Landwirtschaftsmuseum Lüneburger Heide e.V.
Am Landtagsplatz zu Hösseringen, 3113 Suderburg,
Tel. 05826/1774
Öffnungszeiten: 1.4. bis 14.6. und 16.9. bis 31.10. Dienstag bis Sonnabend 14 bis 17.30 Uhr, an Sonn- und Feiertagen 10.30 bis 17.30 Uhr. Vom 15.6. bis 15.9. täglich außer Montag 10.30 bis 17.30, im Winterhalbjahr (1.11. bis 31.3.) nur Sonn- und Feiertage von 10.30 Uhr bis zum Einbruch der Dunkelheit.

Norddeutsche Naturschutzakademie
Die Norddeutsche Naturschutzakademie ist zuständig für Lehre und Fortbildung im Rahmen des Naturschutzes und bietet hierzu eine Fülle von Lehrgängen, Seminaren, Expertengesprächen und Vorträgen an. Weiterhin werden wissenschaftliche Forschungsvorhaben im Bereich des Natur- und Umweltschutzes

gefördert bzw. von der Naturschutzakademie selbst durchgeführt.
Für Urlauber, die nicht an den Veranstaltungen teilnehmen, werden Führungen durch das Haus (mit wechselnden Ausstellungen) und das umliegende Hofgelände angeboten.
Norddeutsche Naturschutzakademie
Hof Möhr, 3043 Schneverdingen, Tel. 05199/318 und 319
Führungen: Mitte April bis Mitte Oktober, dienstags und donnerstags um 16 Uhr

Auch die am Rande des Naturschutzgebietes Lüneburger Heide liegenden Ortschaften sollen eine kurze Erwähnung finden.

Bispingen
In Bispingen, südöstlich des Naturschutzgebietes, befindet sich eine sehenswerte Feldsteinkirche aus dem Jahre 1353. Das Bronze-Taufbecken von 1406 sowie die Barockkanzel von 1648 in der benachbarten, neueren Antoniuskirche sind ebenfalls eine Besichtigung wert.

Egestorf
In dem östlich des Naturschutzgebietes gelegenen Ort Egestorf lebte und wirkte der »Heidepastor« Wilhelm Bode. Sehenswert ist die St. Stephanuskirche aus dem Jahr 1645, ein Fachwerkbau mit freistehendem, hölzernem Glockenturm. Von Juli bis September finden hier an Sonntagen – abwechselnd mit der Undeloher Magdalenenkirche – Konzerte unter dem Motto »Musik in alten Heidekirchen« statt. Die Bilderausstellung »Das alte Egestorf« ist im Dressler-Haus zu sehen, und in der etwa gleichalten Hufschmiede (1847) werden ab und zu noch Pferde beschlagen. Schön ist auch der Ortskern von Egestorf mit seinen vielen Fachwerkhäusern.

Hanstedt
Hanstedt liegt nordöstlich des Naturschutzgebietes. In diesem Ort steht ein aus dem 15. Jahrhundert stammendes Küsterhaus,

in dem heute regelmäßig Veranstaltungen für Urlaubsgäste durchgeführt werden. Weiterhin befindet sich dort die Galerie Overbeck (zeitgenössische Malerei).

Salzhausen
Der Ort liegt elf Kilometer nordöstlich des Naturschutzgebietes. Sehenswert ist die Kirche, deren mächtiger Feldsteinturm aus dem 13. Jahrhundert stammt. Der Fachwerkgiebel auf der Ostseite wurde 1643 errichtet.

Schneverdingen
Der südwestlich des Naturschutzgebietes liegende, mehr als 750jährige Ort litt stark unter der napoleonischen Ära und zählte danach nur noch 26 Häuser. Heute ist Schneverdingen die größte der hier vorgestellten Ortschaften. Durch die »Roten Flächen« ist Schneverdingen seit dem Zweiten Weltkrieg von den großen Heideflächen des Gebietes abgetrennt. Mit den z.T. gepflanzten Heidegebieten im Landschaftsschutzgebiet »Höpen«, nördlich des Ortes, wird versucht, dieses »touristische Manko« auszugleichen. Im Theeshof befindet sich ein Heimatmuseum; diverse Ausstellungsgegenstände zeigen unter anderem die Bedeutung des Handwerks im alten Schneverdingen: Weberei sowie Drechsler-, Stellmacher- und Schumacher-Werkstätten sind hier zu sehen.

Soltau
Die alte Kreisstadt liegt 20 Kilometer südlich des Naturschutzgebietes. Der Ort wurde bereits 936 erwähnt und bekam 1388 die Stadtrechte. Sein Name weist auf Salzquellen hin. August Freudenthal beklagt sich in seinem Buch »Heidefahrten« (1890) darüber, daß der »recht freundliche Anblick« des Ortes »durch einen stillosen Kirchenbau aus dem Anfange des neunzehnten Jahrhunderts etwas beeinträchtigt wird«. Soltau besitzt heute einen staatlich anerkannten Sole-Kurbetrieb. Die Sole kann kostenlos an der Brunnenstube neben dem Bad getrunken werden. Sehenswert ist das »Norddeutsche Spielzeugmuseum« am Rat-

haus, Poststr. 7. Auf 200 m^2 Ausstellungsfläche wird Spielzeug (vorwiegend für Mädchen) aus dem Zeitraum von 1650 bis 1950 gezeigt. Öffnungszeiten: Ostern bis Juni täglich außer montags 14 bis 17 Uhr, Juli bis 15. September auch 10 bis 12 Uhr; 16. September bis Ostern nur Sonntags 14 bis 17 Uhr.

Alle Orte besitzen Schwimmbäder und andere Sporteinrichtungen.

In der Umgegend des Naturschutzgebietes finden sich einige schöne Mühlen: In Eyendorf steht eine Holländer-Windmühle aus dem Jahr 1897, eine weitere Windmühle – noch in Betrieb – in Kampen bei Tostedt. Wassermühlen sind zu sehen in Buchholz-Holm (dort auch einige kulturelle Veranstaltungen), in Bendestorf bei Jesteburg und in Luhmühlen.

Verkehrsvereine
Die Verkehrsvereine bieten eine große Anzahl Veranstaltungen von geführten (Rad-)Wanderungen über Kutschfahrten bis hin zu Vorträgen, musikalischen Aufführungen und handwerklichen Kursen wie Malen, Töpfern u.s.w. an. Die Programme bekommt man bei den örtlichen Verkehrsvereinen.
Als übergeordneter Verband ist das »Urlaubsland Romantische Heide« mit Sitz im Küsterhaus in Hanstedt (Postfach 1204 in 2116 Hanstedt, Tel. 04184/525) für den Nordteil des Gebietes zuständig, für den Südteil seien der Verkehrsverein Bispingen (Borsteler Str. 4, 3045 Bispingen, Tel. 05194/887) sowie das Verkehrsamt Schneverdingen (Schulstr. 6a, 3043 Schneverdingen, Tel. 05193/7066 oder 8381) genannt.

Essen und Trinken

Das Angebot an Restaurants und Cafés ist breit gefächert: Vom günstigen Selbstbedienungs-Restaurant über die Spezialgaststätten für Bustouristen bis hin zum Feinschmeckerlokal findet sich eine große Auswahl. Vegetarische Gerichte gibt es allerdings noch ziemlich selten. Meist sind die Gaststätten sowohl Café als auch Restaurant, oftmals auch gleichzeitig Pension oder Hotel. Wohl überall stehen auf der Speisekarte die typischen Heidespezialitäten: Buchweizentorte (Sahnetorte mit Preiselbeeren; kräftiger, nussiger Geschmack) und natürlich der Heidschnuckenbraten. Die Autoren haben es trotz jahrelanger Mühen bisher noch nicht geschafft, alle Lokale durchzutesten, können aber folgende Häuser empfehlen:

Döhle
Aevermanns Hof, Dorfstr. 44, gleich gegenüber dem Parkplatz, Tel. 04175/1454: gepflegte Atmosphäre; sehr gute Küche, Spezialität ist fangfrische Forelle
Hotel Lüdtke, Dorfstr. 20, Tel. 04175/240: Wild, vegetarische Gerichte
Café Auetal, Dorfstr. 42, Tel. 04175/439

Niederhaverbeck
Eickhof, im Wald hinter dem Großparkplatz, Tel. 05198/1288
Café/Restaurant Heidetal, auf dem Weg zum Wilseder Berg, Tel. 05198/743: wunderschön gelegen; kleine, aber ausgewogene Karte (auch vegetarische Kost)
Gasthaus Menke, Ortsausgang Richtung Oberhaverbeck, Tel. 05198/330: gutbürgerliche Atmosphäre
Landhaus Haverbeckhof, an den Einmündungen Schneverdinger Weg und Wilseder Weg, Tel. 05198/1251 und 720: gute Küche, auch vegetarische Gerichte

Oberhaverbeck

Café Bockelmann, am Weg nach Wilsede, Tel. 05198/747
Das kleine Landhaus am Südrand des Ortes, Tel. 05198/750: hervorragende Küche; familiäre Atmosphäre

Schneverdingen/Pietzmoor

Schäferhof, Heberer Str. 100, am Nordwestrand des Pietzmoores, Tel. 05193/3547: gut und reichlich

Tütsberg

Hotel Hof Tütsberg, Tel. 05199/241: gut abgestimmte Menus

Undeloh

Undeloher Hof, Wilseder Str. 22, Tel. 04189/457: von der Schlachtplatte bis zum Heidschnuckenbraten
Wittes Hotel, Zum Loh 2, Tel. 04189/200: Wild, Geflügel
Eintopfklause, Zur Dorfeiche 23, Tel. 04189/212: nur Mittagstisch, vielerlei Eintöpfe
Teestube, Zur Dorfeiche 15
Café Burmester, Zur Dorfeiche 13, Tel. 04189/446
Café Hermann Löns, Neunstücken 2, Tel. 04189/395

Wesel

Gasthof Heidelust, Dorfstr. 9, Tel. 04189/272

Wilsede

Zum Heidemuseum, neben dem Museum am Ortsausgang in Richtung Haverbeck, Tel. 04175/217: traditionsreiches Haus; urige Atmosphäre
Wilseder Hof, am Ortsausgang in Richtung Undeloh, Tel. 04175/311: preiswert, gut und reichlich; nirgendwo sind die Tortenstücke so groß wie hier

Wandervorschläge

Das Naturschutzgebiet Lüneburger Heide läßt sich am besten erwandern; radfahren ist auf den sandigen Wegen zumindest nach längeren Trockenphasen kaum möglich, und von der Kutsche aus bleibt dem Besucher ein Großteil des Reizes der Landschaft und ihrer Tier- und Pflanzenwelt verborgen. Bei den folgenden kommentierten Wandervorschlägen durch das Gebiet wird auf die im Buch genauer beschriebenen Besonderheiten jeweils nur kurz eingegangen. Suchen Sie genauere Beschreibungen zu bestimmten Themen, so nehmen Sie am besten das Register am Ende des Buches zu Hilfe. Die Wege sind zum Teil als Rundwanderwege konzipiert, zum Teil handelt es sich aber auch um Wegevorschläge, die abseits der zumindest während der Heideblüte überlaufenen Hauptwege nach Wilsede führen. Alle Wanderwege beginnen an Parkplätzen, meist an den Großparkplätzen Niederhaverbeck, Undeloh oder Döhle, in deren Nähe auch die Naturinformationshäuser liegen.
Einige dieser Wege sind in Stationen gegliedert; man findet die Nummern dieser Stationen im Gelände auf kleinen Holzpfählen wieder.
Es versteht sich von selbst, daß durch einen Besuch in einem Naturschutzgebiet Tier- und Pflanzenwelt möglichst wenig gestört werden dürfen. Das Wegenetz wurde so angelegt, daß die Natur nicht zu sehr belastet, die Wanderer aber an landschaftlich besonders reizvolle Bereiche herangeführt werden. Bei einem Besuch sollte daher bedacht werden, daß selbst heute kaum zwei Prozent des Landes unter Naturschutz stehen. Wenn also fast überall die Nutzung durch den Menschen Vorrang hat, so sollte doch zumindest auf diesen zwei Prozent grundsätzlich alles unterlassen werden, was die Natur schädigen könnte; die durch verschiedene Gesetze und Verordnungen vorgegebenen Regeln müssen unbedingt eingehalten werden.

Ziel dieser Regeln ist es, daß alles vermieden wird, was der Natur, den Tieren und Pflanzen abträglich sein und die Erholung der Menschen stören könnte. Wer nicht bereit ist, sich an diese notwendigen Regeln zu halten, der kann seine Wanderroute nicht durch das Naturschutzgebiet Lüneburger Heide legen!
Die wichtigsten Verbote und Gebote sollen kurz begründet werden.

Wege nicht verlassen
Die Tiere haben sich an die Besucher auf den Wanderwegen gewöhnt. Sie wissen, daß sie diese Wanderer nicht als »Feinde« anzusehen brauchen. Deshalb finden sich zum Beispiel Nester von bodenbrütenden Vögeln oftmals schon wenige Meter neben den Wegen. Wenn die Besucher jedoch vom Wanderweg abweichen, so müssen die Tiere unter erheblichem Angststreß fliehen. Im Winter kann dies sogar den Tod bedeuten, wenn der ruhiggestellte Stoffhaushalt immer wieder Hochleistungen erbringen muß. Auch für die Pflanzen ist das Wegegebot sehr wichtig. Wie man an den häufig betretenen Wegrändern durch die dort vorkommenden anderen Pflanzenarten erkennen kann, ist die Heide sehr trittempfindlich. Das Wanderwegenetz im Naturschutzgebiet Lüneburger Heide ist Hunderte von Kilometern lang – dies sollte allen Ansprüchen genügen.

Hunde an die Leine
Freilebende Tiere können nicht wissen, ob von einem Hund eine Gefahr auf sie ausgeht oder nicht, ob er artig bei dem Besitzer bleibt oder ob er sie gleich hetzen wird. Abgesehen davon, daß jeder Hund einen Jagdinstinkt besitzt, erscheinen unserer Tierwelt alle Hunde als Wölfe, allein aufgrund ihres Aussehens und Geruchs. Es ist also nicht ausreichend, wenn die Besitzer meinen, ihr Hund würde nicht jagen – die freilebende Tierwelt weiß das nicht. Unnötige, durch Hunde provozierte Fluchten bringen diese Tiere unter Umständen dazu, ihre Bruten oder Jungen im Stich zu lassen, was für diese oft tödliche Folgen hat.
Außerdem stellen die Schäfer fest, daß trächtige Schafe, die von

ihnen unbekannten Hunden verschreckt werden, recht häufig Fehlgeburten haben. Schließlich sollten die Hundebesitzer auch daran denken, daß andere Urlauber nicht unbedingt durch große, freilaufende Hunde angeknurrt und belästigt werden wollen. Hunde müssen deshalb in unmittelbarer Nähe von ihren Besitzern bleiben, dürfen also die Wege auf keinen Fall verlassen. Dies ist nur durch ein allgemeines Anlein-Gebot zu erreichen.

Keine Pflanzen oder Heidesträuße abreißen

Es ist grundsätzlich verboten, in Naturschutzgebieten Pflanzen oder Pflanzenteile zu entnehmen. Der Naturhaushalt soll nicht beeinträchtigt werden. So sind zum Beispiel die meisten Baumwurzeln auf eine »Zusammenarbeit« mit Pilzwurzeln, den »Hyphen«, angewiesen. Werden Pilze gesammelt, so wird dieses Miteinander gestört, der Baum wird geschädigt. Auch das Pflücken von Heidesträußen ist untersagt. Zum einen müßte man dafür – verbotenerweise – die Wege verlassen, zum anderen ist die Heide ein verholzender Strauch; durch das Abreißen einzelner Zweige werden entweder die Wurzeln mit ausgerissen oder zumindest die Feinwurzeln in der Erde zerstört. Die Pflanze stirbt durch diese Behandlung ab, an ihre Stelle tritt Gras. Also trägt jedes gepflückte Heidesträußchen zur Vergrasung der Heidelandschaft bei.

Abfall wieder mit nach Hause nehmen, zumindest aber in die Körbe werfen

Es sollte selbstverständlich sein, daß Abfall grundsätzlich in der Landschaft nichts zu suchen hat. Der Verein Naturschutzpark muß erhebliche Summen für die Abfallentsorgung ausgeben, die viel besser in den Naturschutz direkt investiert werden könnten. Noch besser, als Abfall in die bereitgestellten Körbe zu werfen, ist es also, ihn entweder zu vermeiden oder wieder mit nach Hause zu nehmen. Dann werden die Körbe auch nicht von den Krähen nach etwas Eßbarem durchsucht und dabei entleert. Weiterhin kann der Müll zu Hause getrennt gesammelt und der Wiederverwertung zugeführt werden.

Nicht rauchen

Die Heide und auch die vielen hier vorhandenen Kiefernwälder trocknen leicht aus; ein kleiner Brand kann sich dann sehr schnell unkontrollierbar ausbreiten und verheerende Folgen für die Tier- und Pflanzenwelt, aber auch für die Erholungsmöglichkeiten haben. Deshalb muß offenes Feuer (Grill, Zigarette etc.) grundsätzlich verboten werden.

Zudem stellen die nicht verrottenden Zigarettenfilter aufgrund ihres Giftgehaltes (Arsen, Cadmium, Nikotin) eine Gefährdung für die Natur dar.

Reiten nur auf Reitwegen

Im Naturschutzgebiet Lüneburger Heide gibt es ein sehr großes Reitwegenetz. Andere Wege dürfen von Reitern nicht benutzt werden, da sie durch Reitspuren sehr schnell zerstört und für Wanderer oder Radfahrer dann nicht mehr brauchbar sind. Reiter sollten darauf achten, daß sie die Staubbelastung für die Spaziergänger möglichst niedrig halten (Schritt reiten).

Rücksichtnahme der Radfahrer gegenüber den Wanderern

Besonders zur Heideblüte, wenn sehr viele Besucher da sind, kommt es immer häufiger zu kritischen Situationen zwischen Radfahrern und Wanderern. Nach den Vorschriften der Straßenverkehrsordnung dürfen Radfahrer nicht auf Fußwegen fahren. Sie sollten deshalb auch möglichst auf den Straßen bleiben; auf den sandigen Wanderwegen läßt sich ohnehin nicht gut radfahren.

Außer den nachstehend abgedruckten Wandervorschlägen gibt es im Naturschutzgebiet Lüneburger Heide noch drei mit Tafeln bezeichnete Waldlehrpfade (Hof Möhr bei Schneverdingen, nordöstlich von Oberhaverbeck und westlich von Undeloh) sowie zwei urgeschichtliche Museumspfade, die auf der Wanderkarte 1:50.000 beschrieben sind. Selbstverständlich finden sich außer den beschriebenen Wegen noch viele andere Wandermöglichkeiten. Entdecken Sie die Heide selbst!

Zu Ihrer weiteren Unterrichtung stehen zur Verfügung:
- die Wanderkarte 1:50.000 mit vielen Informationen
- die Reitwegekarte
- die Naturinformationshäuser des Vereins Naturschutzpark in Döhle, Niederhaverbeck und Undeloh sowie das Heidemuseum »Dat ole Huus« in Wilsede

Ein Vorschlag für Pausen bei Ihren Wanderungen oder für einen passenden Ausklang des Abends: In den Ortschaften in und um das Naturschutzgebiet Lüneburger Heide finden sich aufgrund der hohen Touristenzahlen sehr viele Gaststätten, Cafés und Restaurants. Unsere Empfehlungen können Sie im Beitrag »Essen und Trinken«, S. 159 nachlesen.

1. Rundwanderweg über Totengrund, Wilsede, Wilseder Berg

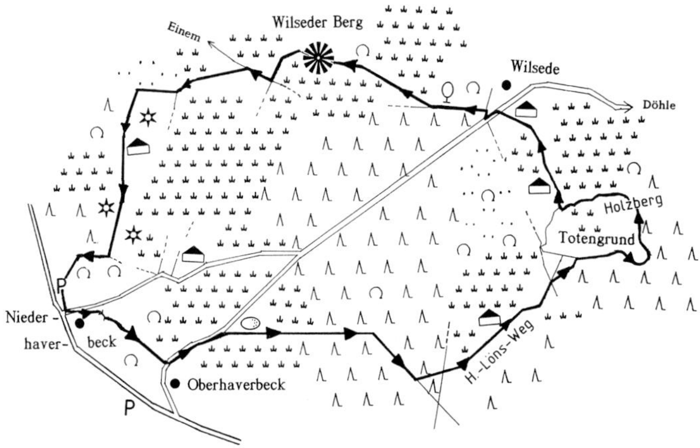

Ausgangspunkt Niederhaverbeck
Länge ca. 12 Kilometer, Wanderdauer ca. 3 bis 4 Stunden
Sie beginnen Ihre Wanderung am »Haus der Natur« in Niederhaverbeck auf einem Weg mit Kopfsteinpflasterung. Die Steine (Granite) sind typisch für dieses Gebiet Norddeutschlands; während der Eiszeit wurden sie aus verschiedenen Gegenden Skandinaviens hierher geschoben.

Halbrechts geht es hinunter zur historischen Steinbrücke über die Haverbeeke. Hier gingen die Schulkinder aus Oberhaverbeck zur Schule nach Niederhaverbeck; bis heute hat sich deshalb für diesen Weg der Name »Schulsteig« gehalten. Möglicherweise findet sich hier auch der Ursprung der Ortsbezeichnung: »Haverbeck« kommt aus dem Niederdeutschen und bedeutet soviel wie »über den Bach«.

Hinter der Brücke geht's quer durch die Feldmark. Diese Landschaft ist für die Lüneburger Heide so typisch wie die offenen Heideflächen: Alle diese Landschaftsformen – Feldmark, Wiesen und der größte Teil des Waldes – sind wie die Heide Kulturlandschaften. Die am Rande der Ackerflächen angehäuften Steine nennt man Lesesteine; sie wurden im Laufe der Jahrhunderte durch die Bodenbearbeitung hochgepflügt und vom Acker aufgelesen. Man beachte am kleinen Anstieg zum Ort Oberhaverbeck den nur ca. 15 Meter breiten, zum Schutz vor Erosion, Auswaschung und Austrocknung mit Hecken umgebenen ehemaligen Ackerstreifen; vor dem Umbau hin zur maschinengerechten Landwirtschaft waren Äcker vielfach so klein.

In Oberhaverbeck wandern Sie links Richtung Wilsede, kommen an einem zum Straßenbau genutzten Sandabbau vorbei (heute Lebensraum für viele Wildbienen) und halten sich beim Wegweiserstein wieder halbrechts Richtung Steingrund/Totengrund. Bis zum Waldrand hin sehen Sie mehrere Erhebungen in der Heide, die etwa 20 Meter im Durchmesser und 1,5 Meter hoch sind. Es handelt sich um bronzezeitliche Hügelgräber, die von einer über 3.500jährigen Besiedlung der Landschaft zeugen. Diese bronzezeitlichen Siedler waren es, die durch Rodungen und Waldweide den Wald zurückdrängten und somit die großflächigen Heidebereiche überhaupt erst ermöglichten.

Etwa 12.500 ha Wald besitzt das Naturschutzgebiet Lüneburger Heide. Nur zu geringen Teilen handelt es sich hierbei um alten Wald, wie er nach der Wegebiegung auf der rechten Seite zu sehen ist. Im allgemeinen entwickeln sich je nach Bodengüte und kleinklimatischen Gegebenheiten im Bereich des Naturschutzgebietes Wälder mit Eichen oder Buchen als führender Baumart. In neuerer Zeit, offenbar begünstigt durch die atmosphärischen Stickstoffeinträge (Autoabgase, verdunstende Gülle aus Massenviehhaltung), bekommt die Fichte einen immer größeren Anteil an der Baumartenzusammensetzung in diesen weitgehend naturnahen Wäldern. In der Verjüngungsschicht ist sie vielfach häufigste Baumart.

Sie folgen dem Wegweiser »Totengrund« nach links und erreichen eine offene Heidefläche. Links des Weges sehen Sie einen kleinen Grenzwall, der bei der Teilung des Gemeineigentums »Heide« auf die einzelnen Gemeinden und Höfe um 1870 entstand. In den Schafställen, wie hier im »Steingrund«, übernachten die Heidschnucken, eine anspruchslose Schafrasse. Ihr Ver-

biß hält die Heideflächen von Baumanflug frei und fördert die für die Imker wichtige Blühfähigkeit der Heide.
Auf dem »Hermann-Löns-Weg« umlaufen Sie nun den »Totengrund«, der als Keimzelle des Naturschutzgebietes Lüneburger Heide bezeichnet werden kann. 1906 konnte durch eine Spende von Prof. Thomsen aus Münster dieses für norddeutsche Verhältnisse sehr tiefe Tal angekauft und somit als erste Fläche im heutigen Naturschutzgebiet Lüneburger Heide für den Naturschutz gesichert werden. Entstanden ist es, als während der Eiszeiten ein wassergesättigter, aber gefrorener Boden auftaute, ins Fließen geriet und damit eine rückwärtsschreitende Erosion auslöste.
Zwei verschiedene Eisvorstöße (Stadiale) der Saale-Eiszeit haben die Landschaftsausformung des Naturschutzgebietes geprägt. Während Sie bisher auf der Grundmoräne des (älteren) Drenthe-Stadials wanderten, steigen Sie nun mit der Umrundung des Totengrundes auf die Grundmoräne des Warthe-Stadials. Die kleinen Hügel, die auf dem noch verbleibenden Weg nach Wilsede die für eine Grundmoräne typische Ebene unterbrechen, sind ehemalige Wanderdünen, oftmals entstanden durch Überweidung. Die besondere Vegetation auf diesen Hügeln wird geprägt durch die kleinen Horste des blaugrau schimmernden Silbergrases.
In Wilsede befindet sich das Heidemuseum »Dat ole Huus«. Dort wird eindrucksvoll gezeigt, wie die Heidebauern früher lebten. Im Obergeschoß findet sich eine Sammlung prähistorischer Ausstellungsstücke.
Von Wilsede führt der Rundwanderweg weiter auf den Wilseder Berg, mit 169 Metern die höchste Erhebung des norddeutschen Flachlandes und deshalb auch wichtigster Punkt der berühmten Landvermessung von Carl Friedrich Gauß um 1822. Von hier aus können Sie einen Eindruck von der Weitläufigkeit der Heideflächen in früheren Jahrhunderten gewinnen. Südlich des Berges wurden durch eine Massenvermehrung des Heideblattkäfers im Sommer 1990 größere Heideflächen kahlgefressen. Teilweise wurden diese Bereiche im darauf folgenden Herbst gemäht,

um durch Sonnenwärme einen schnelleren Humusabbau zu erreichen und damit die Konkurrenzkraft der Heide gegenüber den Gräsern zu erhöhen. Bis die Heide diese Flächen wieder besiedeln kann, werden aber noch Jahre vergehen.

Auf Ihrem Abstieg vom Berg kommen Sie an einem der vielen Bienenzäune vorbei, in denen zur Heideblüte die Imker ihre Bienenkörbe unterbringen. Danach durchwandern Sie einen Eichenwald, der merkwürdig geformte Stammfüße aufweist. Die Bäume wurden im Alter von 20 bis 30 Jahren als Brennholz genutzt und schlugen aus dem Wurzelstock wieder aus. Diese Art der Bewirtschaftung (Niederwaldbetrieb) ist praktisch gänzlich aus Deutschland verschwunden, hatte aber in früheren Jahrhunderten eine sehr große Bedeutung. Der Weg führt nun an einer typischen Heideaufforstungs-Fläche vorbei. Meist wurde für diese Maßnahmen die passende Pionierbaumart Kiefer gewählt, bei besseren Böden wurde aber auch die Fichte gepflanzt. Auf der linken Wegseite befindet sich das größte Hügelgrab des Gebietes, das »Fürstengrab« genannt wird. Die tiefen Rinnen, die im Abstand von jeweils etwa fünf Metern senkrecht zum Weg verlaufen, entstammen den Vorarbeiten der großen Heideaufforstungen. Es sind Pflugstreifen, die durch den Dampfpflug gezogen wurden, um die harte Ortsteinschicht aufzubrechen und den tiefen Untergrund für die Baumwurzeln zu erschließen.

In Höhe der Bank am Weg, knapp 100 Meter hinter dem Schafstall, kann man sehr schön den Endmoränenzug mit Wilseder Berg, Bolterberg und Stattberg überblicken. Davor verläuft in der mit Büschen und Bäumen bewachsenen Senke der Oberlauf der Haverbeeke. Achten Sie bitte auch auf die Allee-Eichen. Bei den großen Aufforstungen um 1900 wurden Wegenetze angelegt und mit Eichenreihen bepflanzt, während die Flächen selbst hauptsächlich mit Kiefern bepflanzt wurden. Sie sehen, wie nährstoffarm diese Heideböden sind: Die Eichen sind schon annähernd 100 Jahre alt!

Beim Beginn der landwirtschaftlichen Flächen biegen Sie nach rechts ab und gelangen zum Parkplatz Niederhaverbeck.

Ein für norddeutsche Verhältnisse überraschend schroffes Tal: der Totengrund.

2. Rundwanderweg um das Tal der Haverbeeke

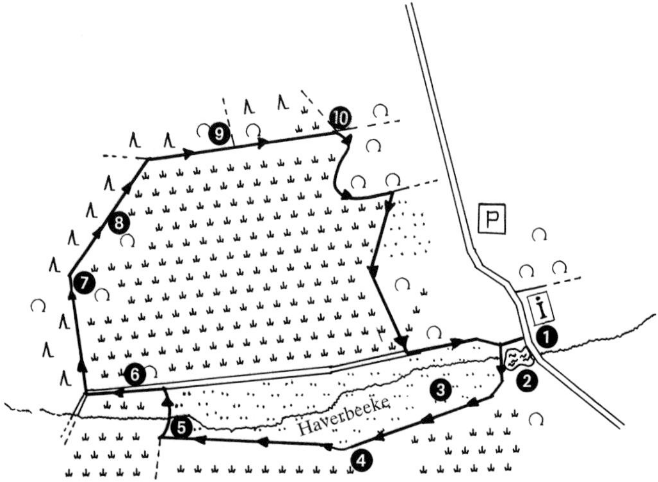

Ausgangspunkt Niederhaverbeck
Länge ca. 4 bis 5 Kilometer, Wanderdauer ca. 1 1/2 Stunden
Station 1: Das Haus der Naturinformation ist ein typisches Beispiel für ein »Niedersachsenhaus«, in dem Wohnung, Stall und Scheune unter einem Dach zusammengefaßt waren. Die Hausfundamente wurden oft aus eiszeitlichen Findlingen errichtet. Zum Teil wurden leider die Großsteingräber hierfür zerstört. Die Einrichtung eines solchen Hauses kann im Heidemuseum in Wilsede angesehen werden.
Station 2: Der aufgestaute Teich befindet sich am Rande einer ehemaligen Furt. Er dient als Feuerlöschteich für die Gemeinde Haverbeck. Nach ökologischen Gesichtspunkten ist ein solcher Teich negativ zu bewerten, denn er stellt eine Unterbrechung des Bachlaufes dar. Für zahlreiche Tiere, die während des Jahres im Bach wandern und zum Beispiel die Quellregion für das Ablaichen benötigen sowie den breiteren Unterlauf für die Nahrungssuche, ist ein solcher Teich ein unüberwindbares Hindernis.

Station 3: Wiesentäler wie dieses sind keine natürliche Landschaft, sondern erst nach Rodung des bachbegleitenden (Erlen-) Waldes und der folgenden Entwässerung durch Gräben und Drainagen entstanden.
Station 4: Die Hügelgräber wurden meist während der Bronzezeit errichtet, die links des Weges liegenden etwa um 1.500 v. Chr. Während dieser früheren Phase der Bronzezeit wurden die Toten ebenerdig in Baumsärgen unter diesen Hügeln bestattet, ab etwa 1.100 v. Chr. setzte sich – wahrscheinlich durch einen Religionswandel – die Urnenbestattung durch. Da häufig Nachbestattungen von Urnen in den älteren Grabhügeln zu beobachten sind, kann auf eine kontinuierliche Besiedlung des Gebietes geschlossen werden.
Station 5: Zur Renaturierung der Haverbeeke wurde hier mit Methoden der Wiedervernässung (Aufstau, Unterlassen der üblichen Gewässerreinigung) gearbeitet. Nun sucht sich die Haverbeeke ein neues Bett, und es wächst eine Vegetation, die typisch für feuchte Standorte ist. Der Wacholder stirbt ab, da er es nicht verträgt, im Wasser zu stehen. Nach niederschlagsarmen Perioden, bei geringer Wasserführung der Haverbeeke, ist dieser Bereich aufgrund einer Bachschwinde trocken.
Station 6: Die Imkerei spielt in der Heide immer noch eine große Rolle. Zur Zeit der Heideblüte bringen Wanderimker ihre Bienenvölker in Bienenzäunen unter, die gegen Sturm und Sonnenhitze schützen. Die Korbimkerei mit ihren oft über hundert Jahre alten Körben wird mehr und mehr von der moderneren Kastenimkerei abgelöst.
Station 7: Die ursprüngliche Bedeutung dieses Ringwalls ist noch nicht geklärt. Möglicherweise hat es sich um eine befestigte Kontroll- oder Zollstation auf der Salzstraße nach Lüneburg gehandelt. Nach archäologischen Untersuchungen sind zwei Bauabschnitte erkennbar, von denen der eine um das 9., der zweite um das 13. Jahrhundert datiert wird.
Station 8: Auf der weiten, baumlosen Heidefläche kam es (oftmals infolge von Überweidung) durch Winderosion zur Bildung von teilweise mehreren Kilometer langen Wanderdünen. Später

wurden diese Dünen durch Aufforstung oder auch natürlichen Anflug, meist von Kiefern, wieder festgelegt. Heute sind nur noch kleine Reste offener Sandbereiche vorhanden.

Station 9: Heide entwickelt sich unter natürlichen Bedingungen wieder zu Wald, wobei als Pionierbaumart in der Regel die Kiefer zuerst erscheint. Deshalb wurden bei den großen Heideaufforstungen in der zweiten Hälfte des letzten Jahrhunderts vornehmlich Kiefern gepflanzt. Da solche in Reihen gepflanzten, gleichaltrigen Kiefern zunächst sehr künstlich aussehen, hat man hier durch eine Auflichtung des Bestandrandes den Laubbäumen die Chance gegeben, sich natürlich anzusamen. So entstand ein aufgelockerter Übergang zur Heidefläche.

Station 10: Die hier oft aus einer Wurzel wachsenden Baumgruppen sind Überbleibsel einer jahrhundertelang ausgeübten Holznutzung, dem Niederwaldbetrieb. Die Bäume wurden zur Brennholzgewinnung in Abständen von 20 bis 30 Jahren geschlagen, »auf den Stock gesetzt«. Damit sind solche Stammgruppen im Kern ihrer Wurzelstöcke oftmals älter als die großen Hofbuchen oder -eichen.

3. Wanderung von Haverbeck über den Wilseder Berg nach Wilsede

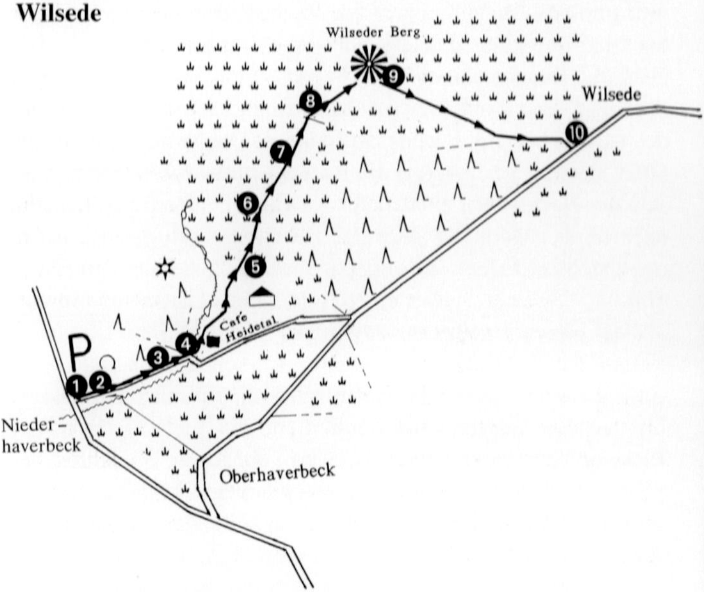

Ausgangspunkt Niederhaverbeck
Länge ca. 6 Kilometer, Wanderdauer ca. zwei Stunden
Station 1: Der Weg nach Wilsede beginnt auf einem Straßenpflaster aus Geröllsteinen, die während der Eiszeiten durch die Gletscher aus Skandinavien in die Heide transportiert wurden. Vielfach kamen diese Steine durch das Pflügen beim Ackerbau an die Oberfläche und wurden dann aufgelesen.
Station 2: In der Nähe von Höfen finden sich oftmals alte Baumbestände aus Eichen und Buchen. Beide Baumarten lieferten wichtige eiweißreiche Nahrung zur Viehmast (Eicheln und Bucheckern), die Eiche darüber hinaus wertvolles Bauholz.
Station 3: Viele Heideflächen sind in der zweiten Hälfte des vorigen Jahrhunderts mit Kiefern aufgeforstet worden, da dieser Baum die natürliche Pionierbaumart auf der Heide ist. Auf etwas besseren Böden hat man auch die Fichte gepflanzt, von der man sich stärkeres Wachstum und bessere Erträge versprach.

Die zweite Waldgeneration, die jetzt vielfach begründet wird, profitiert von den Humusstoffen, die die erste Generation aufgebaut hat. Nun können auch die anspruchsvolleren Arten, wie Eichen und Buchen, angepflanzt werden.

Station 4: Erst durch Bewirtschaftung sind Wiesentäler anstelle des natürlichen Erlenwaldes entstanden. Der Wald wurde abgeholzt, der Bach begradigt, die Bachaue entwässert. Durch Aufstau der Haverbeeke entstand hier außerdem eine Reihe künstlicher Teiche. Wenn die Wiesen nicht mehr gepflegt werden, erobert sich der Erlenwald seinen ursprünglichen Platz zurück.

Station 5: Schmelzwässer eines eiszeitlichen Gletschers formten aus der Endmoräne heraus die Trockentäler, die Sie im weiteren Verlauf des Weges rechterhand mehrfach sehen. Linkerhand entspringt ein Nebenbach der Haverbeeke mit typischer Vegetation: im feuchten Talgrund Erle, zum Rand hin Eiche, dazwischen Birke und im Übergang zur trockenen Heide der Wacholder.

Station 6: Der Fahrweg und die rechteckige Fläche im Hintergrund (ca. 200 m) wurden durch Aufräumarbeiten nach dem Absturz eines amerikanischen Militärhubschraubers im Jahre 1987 verursacht. Langsam erobert sich die Natur dieses Stück zurück.

Station 7: Im Spätherbst 1990 wurde diese Fläche gemäht, nachdem der Heideblattkäfer die grünen Triebe der Heide angefressen hatte, die Pflanzen den hierdurch bedingten erhöhten Wasserverlust nicht ausgleichen konnten und in der Folge vertrockneten. Durch die nun stärker einfallende Sonne können Bodenorganismen die starke Humusauflage besser zersetzen. Auf dieser Fläche entwickelt sich, abhängig vom verbliebenen Nährstoffgehalt, jedes Jahr eine andere Vegetation, die immer größer werdende Anteile Heide enthält.

Station 8: Am Fuß des Wilseder Berges befindet sich ein Bienenzaun. Honig war vor der Erfindung von Rohr- und Rübenzucker der einzige Stoff zur Gewinnung von Zucker; deshalb hatte die Imkerei in der Heidebauernwirtschaft eine große Bedeutung (siehe Bienen-Ausstellung beim Naturinformationshaus Niederhaverbeck).

Station 9: Der Wilseder Berg ist Teil einer Endmoräne und mit

169 Metern die höchste Erhebung Norddeutschlands. Für die von Carl Friedrich Gauß entwickelte Landvermessung (Trigonometrie) war dieser Berg besonders wichtig.

Station 10: Sie befinden sich im historischen Heidedorf Wilsede mit seinen schönen Bauernhäusern, den Treppenspeichern und dem örtlichen Museum. Das Museum »Dat ole Huus« zeigt Ihnen eindrucksvoll, wie die Heidebauern früher lebten. Im Obergeschoß ist eine Sammlung prähistorischer Ausstellungsstücke zu sehen.

4. Wanderung von Döhle über den Pastor-Bode-Weg nach Wilsede

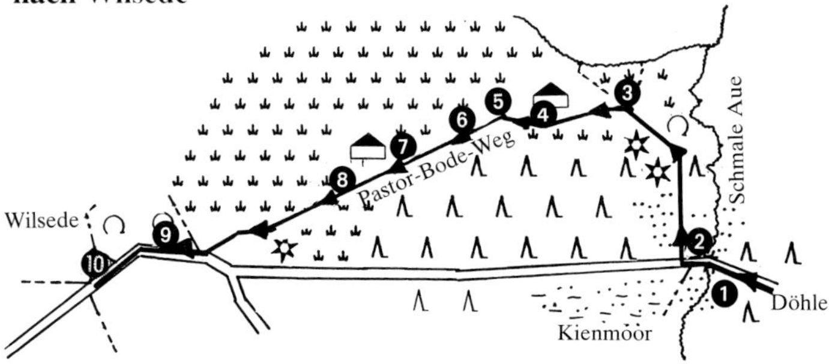

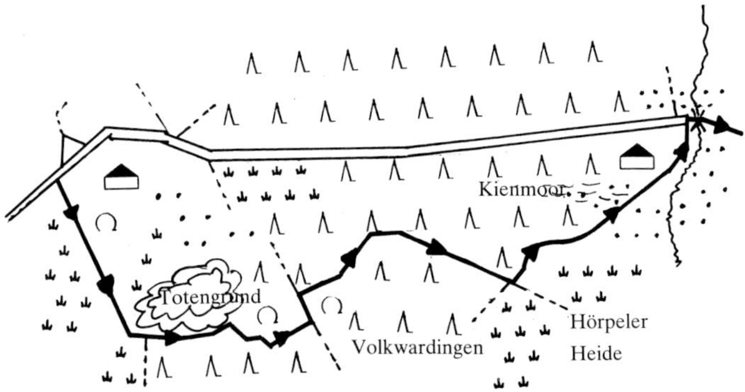

Ausgangspunkt Döhle
Länge ca. 6 bis 7 Kilometer, Wanderdauer ca. 2 1/2 Stunden
Station 1: Sie beginnen Ihre Wanderung nach Wilsede auf einem Kopfsteinweg aus Granitsteinen, die typisch für dieses Gebiet sind. Sie sind ein wichtiges Indiz dafür, daß diese Landschaft in Eiszeiten von Gletschermassen aus dem Norden geformt wurde. Aus der Zusammensetzung des Granits kann man sehr präzise auf sein Herkunftsgebiet schließen. So stammen die hiesigen Granite aus verschiedenen Gegenden Skandinaviens.
Rechter Hand sehen Sie einen Kiefernwald, den der Verein Naturschutzpark erst 1986 erworben hat. Ziel ist es, durch eine na-

turnahe Waldrandgestaltung vielfältige Lebensräume für Pflanzen und Tiere zu schaffen. Dies soll durch natürliche Ansamung von verschiedenen Laubbäumen in dem aufgelichteten Waldrand erreicht werden. Auch die jetzt vorhandenen Windwurflöcher bieten die Chance, daß sich nun weitere Laubbäume einfinden. Vor sich sehen Sie die »Schmale Aue« mit den sie umgebenden bewirtschafteten Wiesen. Zur Kultivierung der Wiesen hat man den (Erlen-)Wald der Bachaue beseitigt, den Untergrund planiert und ein Entwässerungssystem geschaffen. Der Verein Naturschutzpark ist auf seinen Flächen bestrebt, derartig starke Eingriffe in das ökologische System rückgängig zu machen und den Bächen wieder ihren natürlichen Lauf und ihre natürliche Umgebung zu geben.

Station 2: Wenn Sie sich hier umsehen, nehmen Sie eine Landschaft wahr, die für die Lüneburger Heide ebenso typisch ist wie die offenen Heideflächen selbst. Alle diese Landschaftsformen – Feldmark, Wiesen, der größte Teil des Waldes wie auch die Heide – sind Kulturlandschaften, das heißt, sie wurden von den in ihnen lebenden Menschen genutzt und dadurch maßgeblich beeinflußt. Die lichtabhängige Heide als vorherrschende Landschaftsform im besonderen konnte nur entstehen, weil die ausgedehnten Wälder seit Beginn der Bronzezeit durch die verschiedenen Nutzungsformen immer weiter zurückgedrängt wurden. Der weitaus größte Teil des Waldes, den Sie heute im Naturschutzgebiet Lüneburger Heide sehen, ist in diesem und dem letzten Jahrhundert entstanden.

Station 3: Sie biegen hier auf den »Pastor-Bode-Weg« ein. Der Name des Weges erinnert an den Egestorfer Pastor Wilhelm Bode, der sich zu Beginn dieses Jahrhunderts maßgeblich für die Erhaltung der Heidelandschaft um den Wilseder Berg eingesetzt hat. Sein unermüdliches Engagement war mitentscheidend für die Entstehung des Naturschutzparks Lüneburger Heide.

Bitte beachten Sie an dieser Stelle auch die Waldrandgestaltung. Hier wurde der natürlichen Ansamung der Laubbäume zum Teil durch Pflanzung nachgeholfen, also ein an sich natürlicher Vorgang durch menschliche Hilfe beschleunigt.

Station 4: Das charakteristische Bild der weiten, nahezu baumlosen Heidelandschaft wird maßgeblich von der Heidschnucke – einer urtümlichen Schafrasse – erhalten. Die Heidschnucke weidet das Heidekraut ab und unterstützt so dessen Selbstverjüngung. Außerdem verbeißen die Heidschnucken junge Baumsämlinge, bevor diese die Heide überwachsen und verdrängen. Ferner unterstützen die Heidschnucken indirekt die Bienen, indem sie auf ihren Weidegängen viele der unzähligen Spinnweben zerstören. Schnuckenhaltung und Imkerei sind historische Nutzungsformen der Heide. Auch heute werden zur Blütezeit Tausende von Bienenvölkern in die Heide gebracht und in Bienenzäunen abgestellt, wie hier einer zu sehen ist.
Südlich vom Weg ist erst in jüngerer Zeit ein Waldbestand gefällt worden, um die Fläche in Heide rückzuverwandeln. Bei der Rückentwicklung von Wald in Heide sind oft lange Vergrasungsphasen zwischengeschaltet, da die Bäume Nährstoffe aus tieferen Bodenschichten in ihre Blätter oder Nadeln transportieren und durch den Streufall über die Humusauflage wieder in die oberen Bodenschichten abgeben. Somit erlangen die anspruchsvolleren Gräser einen Konkurrenzvorteil gegenüber der Heide.
Station 5: Auf Ihrem Weg passieren Sie einige der schönsten und ältesten Wacholdergruppen des Gebietes. Sie können hier eine typische Verkettung von Pflanzengesellschaften sehen: Der Wacholder kann in der Heide ungestört wachsen, weil die Heidschnucken seine spitzen Nadeln meiden. Dadurch gelingt es anderen Bäumen, in seinem Schutze zu gedeihen. Diese Bäume (wie hier die Eberesche) überschatten schließlich den Wacholder, der letztlich an Lichtmangel eingeht.
Station 6: Die regelmäßigen Vertiefungen, die man auf Heideflächen gelegentlich sehen kann, deuten entweder darauf hin, daß die Fläche schon einmal aufgeforstet wurde und vorher gepflügt worden war, oder – wie in diesem Fall – daß ehemals ein Weg dort entlanglief und die alten Wagenspuren noch auszumachen sind. Die besonders tiefen Rillen erklären sich durch ihre Hanglage: Regenwasser floß durch die Wagenspuren ab und nahm dabei einen Teil des Bodens mit sich (Erosion).

Station 7: Bei dem Wald auf der rechten Seite handelt es sich um einen naturnahen Kiefern-Birken-Mischwald, der durch Ansamung auf einem anmoorigen Standort entstanden ist. Durch immer wieder vom Sturm geworfene Bäume ist er sehr strukturreich und bietet vielen Tier- und Pflanzenarten Lebensraum.

Station 8: Innerhalb der weitläufigen Heideflächen, die Sie hier umgeben, sehen Sie immer wieder vergraste Partien. Die Heide mit ihren Begleitpflanzen ist eine Pflanzenformation, die auf nährstoffarme Böden angewiesen ist. Früher wurden in Heideflächen Plaggen gehauen, die aus dem Heidekraut und den oberen humusreichen Bodenschichten bestanden, um damit die Äcker zu düngen. Dadurch wurde ein ständiger Nährstoffaustrag erreicht. Die Plaggennutzung wurde bereits vor mehreren Jahrzehnten aufgegeben. Deshalb konnten sich Humusstoffe im Heideboden anreichern. Hinzu kommt heute (bedingt durch die Luftverschmutzung) ein erheblicher atmosphärischer Stickstoffeintrag, der eine zusätzliche Düngung bewirkt. Dies hat zur Folge, daß die Bodenverhältnisse für die Heide ungünstiger werden und Gräser sich besser durchsetzen können. Heute werden neue Verfahren entwickelt, um die alte Heidenutzung nachzuahmen und Nährstoffe aus den Heideflächen herauszutragen.

Station 9: Der Wald auf Ihrer rechten Seite wird von sogenannten Hutebuchen sowie -eichen geprägt. Als diese Bäume jung waren, wurden sie geköpft. Diese Beschneidung hatte eine vielfältige Verzweigung im unteren Schaftbereich und eine große, breite Krone sowie einen frühen, starken Fruchtansatz von Eicheln und Bucheckern zur Folge, die eine wichtige Nahrungsgrundlage für das Vieh bildeten. So sind diese markanten, mehrschäftigen Baumindividuen entstanden.

Station 10: Das Ziel Ihrer Wanderung ist Wilsede mit seinen Bauernhäusern, den Treppenspeichern und dem örtlichen Museum. Das Museum »Dat ole Huus« zeigt Ihnen, wie die Heidebauern früher lebten. Im Obergeschoß ist eine Sammlung prähistorischer Ausstellungsstücke zu sehen. Als Rückweg empfehlen wir Ihnen die sechs Kilometer lange Wanderung durch den Totengrund und über die Hörpeler Heide zurück nach Döhle.

Auch das leuchtende Rot der Vogelbeeren ist charakteristisch für den Sommer in der Heide.

5. Rundwanderweg über Totengrund, Heidetal, Wilseder Berg und Wilsede

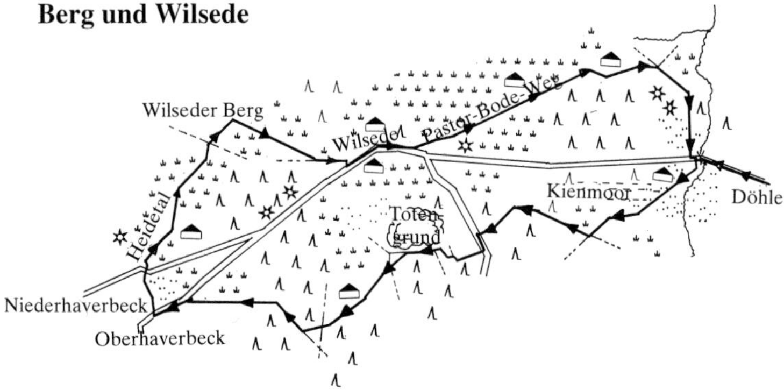

Ausgangspunkt Döhle
Länge ca. 21 Kilometer, Wanderdauer ca. 6 bis 7 Stunden
An der Grenze des Naturschutzgebietes endet die Teerstraße und es beginnt ein Weg mit Kopfsteinpflasterung. Diese Steine (Granite) sind während der Eiszeit aus verschiedenen Gegenden Skandinaviens in dieses Gebiet geschoben worden. Rechter Hand sehen Sie einen Kiefernwald, den der Verein Naturschutzpark erst 1986 erworben hat. Durch naturnahe Waldrandgestaltung und natürliche Windwurflöcher ergibt sich nun für Laubbäume die Chance, sich anzusamen und diesen recht eintönig wirkenden Wald in einen Laubmischwald umzuformen. Bevor Sie links Richtung »Hörpeler Heide« abbiegen, überqueren Sie die teilweise begradigte »Schmale Aue«. Die landwirtschaftlich genutzten Wiesen sind durch Rodung des natürlichen, bachbegleitenden Erlenbruchwaldes, nachfolgende Drainage und Planierung des Untergrundes entstanden. Der Verein Naturschutzpark ist auf seinen Flächen bestrebt, derartig starke Eingriffe in das ökologische System rückgängig zu machen und den Bächen wieder ihren natürlichen Lauf und ihre natürliche Umgebung zu geben.
Vor dem Beginn der Heidefläche sehen Sie auf der rechten Seite das zu Weidezwecken teilweise leider entwässerte, sehr langgestreckte »Kienmoor«. Einige Binsen zeigen noch die höhere Bo-

denfeuchtigkeit an. Bei dem Sandstreifen, der an dem kleinen Hügel in Wegrichtung zu erkennen ist, handelt es sich um eine Erosionsrinne. Besucher sind mehrfach durch die trittempfindliche Heide gelaufen und haben dadurch die Pflanzendecke zerstört. Nun haben Wind und Wasser ein leichtes Spiel; anfliegende Pflanzensamen, die diese Bodenwunde schließen wollen, werden immer wieder weggeschwemmt. An dieser Stelle möchten wir Sie deshalb an das Wegegebot erinnern, das zum Schutz von Tier- und Pflanzenwelt erlassen wurde.

Etwas weiter am Weg sehen Sie einen alten Bienenzaun, der dem Schutz der Bienen vor Wind und Sonne dient. Diese einfache Bauweise ist typisch für die Heide; reetgedeckte Bienenzäune kamen erst in den 60er Jahren aus optischen Gründen auf.

Wenn Sie die »Hörpeler Heide« verlassen, kommen Sie in den Wald, der ca. 60 Prozent der Fläche des Naturschutzgebietes ausmacht. Würde man die Heideflächen der natürlichen Sukzession überlassen, so würden sie in kurzer Zeit auch zu (Kiefern-) Wald – doch dann wären wertvolle Lebensräume für seltene Tier- und Pflanzenarten verschwunden. Während der großen Heideaufforstungen um die Jahrhundertwende wurden Kiefern und Fichten gepflanzt, die Wege aber oft mit einigen Reihen Eichen versehen. Die Eicheln werden von Eichelhähern in die angrenzenden Wälder getragen, und schon die zweite Waldgeneration besteht dann oft aus einem Mischwald. Nach einigen Jahrhunderten entwickelt sich auf diese Weise wieder ein Wald mit natürlicher Baumartenmischung: auf sehr armen Böden Kiefer, auf armen Böden hauptsächlich Eiche, auf reicheren Buche, auf nassen Erle.

Sie überqueren nun den Sprengebach, der früher begradigt war, sich inzwischen aber wieder naturnah entwickelt und dadurch einer hohen Anzahl von Tier- und Pflanzenarten vielfältige Lebensräume bietet.

Über den Holzberg, der – wie der Name verrät – ein altes Waldgebiet ist, erreichen Sie den »Totengrund«. Hier nahm das Naturschutzgebiet seinen Anfang, als im Jahre 1906 Professor Thomsen aus Münster dieses landschaftlich so reizvolle Tal

Herbststimmung im Naturschutzgebiet.

kaufte, um es vor geplanten Baumaßnahmen zu schützen. Den anschließenden Steingrund erwarb der Verein Naturschutzpark 1914. Seit 1910 ist der private Verein hier tätig; er wirkte maßgeblich an der 1921 erfolgten behördlichen Unterschutzstellung der Lüneburger Heide mit.

Am Ende des Steingrundes gelangen Sie nach dem Passieren des Schafstalls wieder in den Wald. Das »Oberhaverbecker Holz« ist ein ortsnah gelegener alter Wald, der in der obersten Schicht aus alten Eichen und Buchen besteht. Seit neuerer Zeit wandert auch die Fichte in solche Wälder ein; in der zweiten Baumschicht ist sie vorherrschend. Am Ende des Waldes liegt wieder die Heide vor Ihnen. Auf beiden Seiten sehen Sie kleine Hügel, etwa 20 Meter im Durchmesser und einen Meter hoch. Es handelt sich um bronzezeitliche Hügelgräber. Schon vor über 3.500 Jahren war dieses Gebiet also besiedelt, nahm der Mensch Einfluß auf seine Umwelt.

Der Weg führt Sie nun weiter an einer alten Sandkuhle vorbei, die Lebensraum für bestimmte trockenheitsliebende Insekten ist. Kurz vor Oberhaverbeck geht's rechts ab Richtung Heidetal. 1910 wurde dort an der Haverbeeke, einem Quellarm der Wümme, ein »Kurhotel« errichtet, das heute ein Café/Restaurant mit Pension beherbergt. Das Wasser des Hausbrunnens wurde mehrere Jahrzehnte lang für Mineralwässer und Limonaden genutzt. Ab hier befinden Sie sich auf den ausgepflockten Wanderwegen Niederhaverbeck–Wilsede bzw. Döhle–Wilsede. Die im Gelände zu sehenden Nummern auf Pflöcken bezeichnen die verschiedenen Stationen, deren Beschreibung Sie auf den Vorseiten bei der 3. Wanderung nachlesen können. Die nächste Station trägt die Nummer 5. Ab Wilsede gehen Sie den Weg Döhle–Wilsede in umgekehrter Richtung, also mit abnehmenden Stationsnummern.

6. Rundwanderweg um den Radenbach

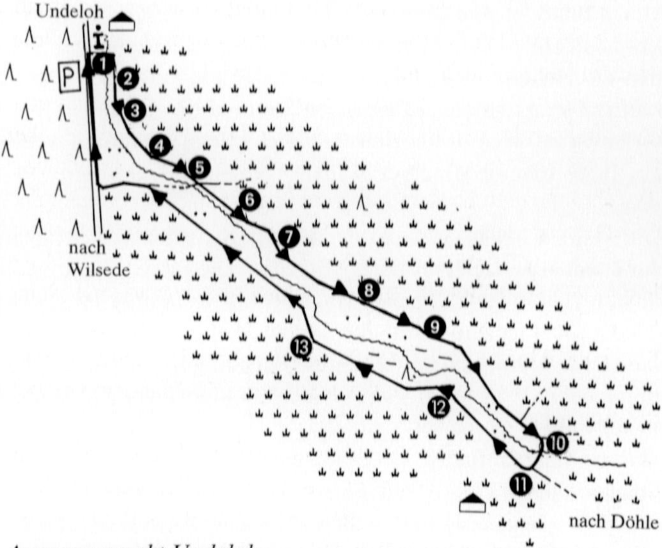

Ausgangspunkt Undeloh
Länge ca. 8 Kilometer, Wanderdauer ca. 2 1/2 Stunden

Station 1: Die Brücke führt über den Radenbach. Im Hintergrund sehen Sie die Kläranlage von Undeloh. Durch Begradigung des Baches und Entwässerungsmaßnahmen wurde das versumpfte Heidetal in Wiese und Weide umgewandelt. Die üppige Vegetation an den Bachrändern zeigt, daß das Wasser mit Nährstoffen (Nitraten, Phosphaten) übersättigt ist.

Station 2: Um die sumpfigen Wiesen des Tales trockenzulegen, wurden sie mit Erde vom Talrand aufgefüllt. Dadurch entstanden an diesem Talrand kleine Sandgruben, die wie offene Wunden in der Landschaft lagen. Regenfälle wuschen diese Gruben weiter aus, und es bildete sich eine Kette von Erosionswannen. Um eine weitere Zerstörung der Talränder zu verhindern, wurden diese Randstreifen von der Beweidung durch Heidschnucken ausgenommen. Somit konnte sich hier ein lichter Laubwald entwickeln.

Station 3: Das typische Bild der weiten, nahezu baumlosen Heideflächen wird größtenteils durch die Heidschnucken erhalten, eine urtümliche und anspruchslose, von den Bergschafen Korsikas abstammende Schafrasse. Wie natürliche Rasenmäher sorgen die Heidschnucken dafür, daß die Heide kurz und wuchskräftig bleibt und die anfliegenden Baumsämlinge, die die Kulturlandschaft Heide ohne diese ständige Pflege im Verlauf weniger Jahrzehnte in Wald verwandeln würden, kurzgehalten werden.

Die kleinen »Häuschen« in der Heide (Bienenzäune) nehmen zur Heideblütenzeit die Bienenkörbe auf. Die Bienen profitieren nicht nur von der blühenden Heide, sondern indirekt auch von den Heidschnucken: Durch den Verbiß der Heidschnucken wird die Heide blühfreudiger, durch das regelmäßige Zerstören der Spinnweben beim Weidegang werden die Bienen vor diesen tödlichen Fallen geschützt.

Station 4: Hier finden sie besonders schönen Wacholder. Im Schutze dieser Pflanze mit ihren stacheligen Blättern, die von den Heidschnucken kaum verbissen werden, können sich Laubbäume ansamen. Schließlich überragen sie den Wacholder und dunkeln ihn aus, nehmen ihm also das lebenswichtige Licht.

Station 5: Wo durch eine Zerstörung der Vegetationsdecke der Wind den feinen Sand in Bewegung bringt, bilden sich Erosionswannen. Kommt die Bodenkrume wieder zur Ruhe, zum Beispiel in windstilleren Gebieten hinter Baumgruppen, siedeln sich Pionierpflanzen wie das Silbergras an. Durch ihr Wurzelgeflecht festigen sie die obere Bodenschicht und bereiten sie für eine natürliche Wiederbesiedlung durch das Heidekraut vor. Dieser Prozeß würde durch Trittschäden (Wanderungen abseits der Wege) zerstört, die Erosion würde sich fortsetzen. Auch aus diesem Grunde müssen Besucher im Naturschutzgebiet unbedingt auf den markierten Wegen bleiben.

Station 6: Hier finden Sie Reste eines alten Bewässerungssystems für die Wiesen in der Bachaue. Von einem schmalen Graben aus, der am höhergelegenen Talrand entlangläuft, wurde das Wasser auf die schräg zur Talmitte abfallende Wiese geleitet.

Die im Wasser enthaltenen Sinkstoffe setzten sich ab und bewirkten eine Düngung.

Station 7: Im Schatten von Bäumen stirbt die Heide. Deshalb müssen die Heideflächen von den Bäumen, die zu groß geworden sind, als daß die Heidschnucken sie noch verbeißen könnten, »entkusselt« werden. Die hier noch vorhandenen Stubben deuten auf ehemaligen Baumbewuchs hin.

Teilweise ist jedoch auch eine gewisse Verkusselung erwünscht, da sie Lebensräume zum Beispiel für Raubwürger, Schwarzkehlchen und andere bedrohte Tierarten bildet. Auch an den Waldrändern zur Heide hin sollen sich derartige (stufige) Übergänge entwickeln.

Station 8: Teilflächen des Bachrandbereiches sind aus Naturschutzgründen bereits ganz aus der Nutzung herausgenommen worden. Hier stellt sich im Laufe mehrerer Jahre die natürliche Pflanzenvielfalt wieder ein.

Station 9: Am oberen Bachrand wird das typische Bodenprofil unter dem Heidekraut sichtbar. Humussäuren der Heidekrautwurzeln lösen im Boden enthaltene Mineralien auf, darunter auch die Eisenverbindungen, die dem Sand seine rötlich-gelbe Farbe geben. Mit eindringender Feuchtigkeit sinken sie im Boden ab und bilden unterhalb des Einflusses der Humussäuren in etwa 30 bis 40 Zentimeter Tiefe den sogenannten Ortstein, eine äußerst harte Zone, die nur von wenigen Pflanzenwurzeln durchbrochen werden kann. In der oberen Bodenschicht bleibt der ausgewaschene Bleichsand zurück. So erklärt sich auch die graue Farbe der Heidewege.

Die langen dunklen Zapfen im hellen Sand sind Hinweise darauf, daß hier einmal Bäume standen. Die Hohlräume der vermoderten Baumwurzeln wurden vom Bleichsand und vom Ortstein ausgefüllt.

Station 10: Vor der Kulisse von Kiefernanpflanzungen liegen bronzezeitliche Hügelgräber. Sie wurden in der Zeit von 1.700 bis 700 v. Chr. errichtet. Einige Jahrhunderte lang wurden die Toten in Baumsärgen bestattet und dann mit Heideplaggen überhäuft. Spätere Generationen verbrannten ihre Toten und vergruben die Urnen in diesen Hügeln. Kostbare Grabbeigaben sind bei den armen Heidebauern damaliger Zeiten sicherlich nicht üblich gewesen, trotzdem wurden diese Hügel oftmals durch Grabräuber zerstört.

Station 11: Am Scheitelpunkt Ihres Wanderweges überqueren Sie den Radenbach. Im Frühjahr sind hier regelmäßig die Balzflüge der Bekassine zu sehen. Dabei handelt es sich um eine kleine Schnepfenart, die während des Balzfluges ihre Federn verdreht und damit ein meckerndes Geräusch erzeugt, das ihr den Beinamen »Himmelsziege« einbrachte. Wer Glück hat, kann vielleicht auch den Pfiff des Eisvogels hören.

Station 12: Ihr Rückweg wird hier von Bruchwaldparzellen begleitet (Feuchtwald, hauptsächlich aus Erlen bestehend). Hier nistet eine vielgestaltige Kleinvogelwelt, die auf den offenen Heideflächen sonst nicht anzutreffen ist. Typische Vertreter sind Grasmücken, Laubsänger und das Rotkehlchen.

Station 13: Aus einem natürlichen Heidequelltal entspringt ein Nebenarm des Radenbaches. Wo sich Wasser in Senken über dem Ortstein staut, kommt es zur Bildung von sogenannten Anmooren. Typische Pflanzen sind Torfmoose, Wollgras und der fleischfressende Sonnentau.

7. Wanderung von Undeloh über den Wilseder Berg nach Wilsede

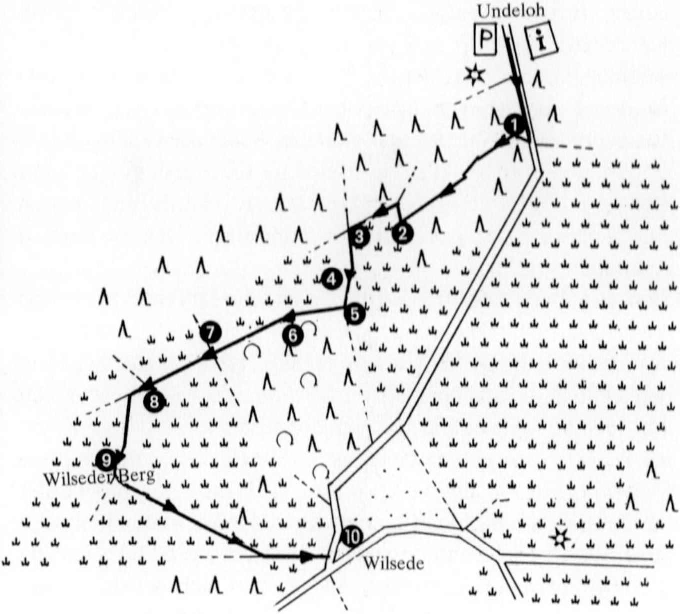

Ausgangspunkt Undeloh

Länge ca. 6 Kilometer, Wanderdauer ca. 2 Stunden

Station 1: Die Heide ist eine uralte Kulturlandschaft, die durch besondere Bewirtschaftungsformen geschaffen wurde. Deshalb gehören zum typischen Bild dieser Gegend nicht nur die offenen, im Spätsommer lila blühenden weiten Flächen, sondern auch Wälder, feuchte Niederungen, Bachläufe und Heidemoore. Das »Undeloher Moor«, an dem Sie nun entlangwandern, gehört zu den wichtigen Feucht-Lebensräumen seltener Tiere und Pflanzen in der ansonsten wegen des meist vorhandenen Sandbodens überwiegend trockenen Heide.

Station 2: Das Wegenetz im Naturschutzgebiet Lüneburger Heide soll einerseits die Natur möglichst wenig belasten und große

Ruhezonen für die Tierwelt erhalten, andererseits den Wanderern die Schönheit der Landschaft in allen ihren Ausprägungen zeigen. Teilweise müssen Wege auch umgelegt werden, wenn neuere wissenschaftliche Forschungsergebnisse dies sinnvoll erscheinen lassen. Der Weg wurde hier aus der Heide an den Waldrand zurückgelegt, da er die Heide ungünstig zerschnitt. Später stellte sich heraus, daß nun die Wanderbewegungen vieler Insekten vom Wald in die Heide gestört werden. Um diese Störungen durch den Besucherverkehr zu minimieren, wird an einem neuen Konzept für die Wegeführung in diesem Bereich gearbeitet.

Station 3: In der zweiten Hälfte des vorigen Jahrhunderts wurde die jahrtausende alte Heidebauernwirtschaft völlig unrentabel und mußte aufgegeben werden. Viele ehemalige Heideflächen lagen nun brach und bewaldeten sich von selbst mit Kiefern oder wurden mit Kiefern und Fichten aufgeforstet. Nach dem Zweiten Weltkrieg wurden noch einmal große Flächen aufgeforstet.

Station 4: Für die Tierwelt, aber auch für die Pflanzenwelt der Heide ist es wichtig, daß die einzelnen großen Heidekomplexe zueinander in Verbindung stehen. Deshalb wurde hier Anfang der 70er Jahre ein Altholz geschlagen und nicht wieder aufgeforstet. Nun ist eine Anbindung der Heideflächen zwischen Undeloh und Döhle an die Heide um den Wilseder Berg sichergestellt.

Station 5: Das Bild der offenen, extrem baumarmen Heide wird durch Beweiden mit der urtümlichen Schafrasse der Heidschnucke erhalten. Durch ihren Verbiß werden nicht nur die natürlich aufkommenden Baumsämlinge beseitigt, sondern die Heidepflanze profitiert auch direkt davon, da sie kurz und wuchskräftig bleibt.

Station 6: Sie wandern an einem ehemaligen Bannwald vorbei, der dem Landesherrn gehörte und im hiesigen Sprachgebrauch »Königliche Holzung« genannt wird. Ein heute noch erkennbarer Grenzgraben schützte diese Waldparzelle vor dem Vieheintrieb, der den Nachwuchs und damit auf Dauer den gesamten Wald vernichten kann. Vieheintrieb in Wälder begann zum Ende der Steinzeit, als die Menschen seßhaft wurden. In diese Zeit reicht also die Entstehung der Heide zurück.

Station 7: Im Schutz der spitzen Nadeln des Wacholders bleiben einzelne Laubbäume vom Verbiß durch die Heidschnucken verschont. Sie können ungestört aufwachsen und überragen schließlich ihren »Ammenbaum«, den Wacholder.

Station 8: Aus Skandinavien vordringende Gletscher schoben riesige Erdmassen vor sich her und ließen sie an dem Punkt ihres weitesten Vordringens liegen. So entstand eine Hügelkette, deren höchster Punkt der Wilseder Berg ist. In der Nacheiszeit formten Wind und Wasser die sanften Täler dieser Endmoräne.

Station 9: Der Wilseder Berg ist einer der wichtigsten Punkte für die Landvermessung. Carl Friedrich Gauß, Göttinger Mathematiker, errichtete hier 1822 einen Turm für seine Triangulationsmessungen. Ein Teil des Netzes dieser Vermessungen ist auf dem 10-DM-Schein zu sehen.

Station 10: Das Ziel Ihrer Wanderung ist das Heidedorf Wilsede, das sich, obwohl hier kein landwirtschaftlicher Betrieb mehr angesiedelt ist, seinen Charme mit schönen alten Bauernhäusern und den heidetypischen Treppenspeichern bewahrt hat. Im Heidemuseum »Dat ole Huus« können Sie einen guten Eindruck gewinnen, wie die Bauern hier dereinst in der »guten alten Zeit« lebten.

8. Rundwanderweg durch das Pietzmoor

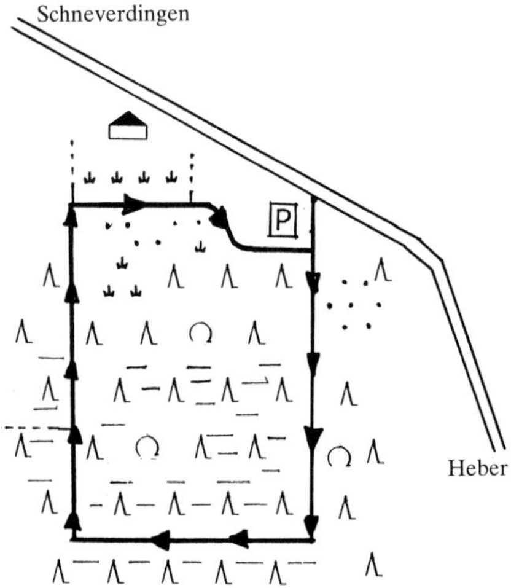

Ausgangspunkt: Parkplatz südlich der Kreisstraße Schneverdingen-Heber
Länge ca. fünf Kilometer, Wanderdauer ca. 1 1/2 Stunden
Der Rundwanderweg führt z.T. auf Bohlenstegen durch das seit Mitte der siebziger Jahre schrittweise wiedervernäßte Pietzmoor. Im ausgehenden Mittelalter war mit der Entwässerung dieses Moores begonnen worden, um Brenntorf zu stechen. Bis Anfang der sechziger Jahre wurde hier eine Schnuckenherde gehütet, erst nach Aufgabe der Beweidung konnte sich Baumanflug durchsetzen.
Durch die Wiedervernässung beginnt das Moor nun wieder zu wachsen. Die alten Torfstiche rechts und links des Weges zeigen frisches Torfmoos, der Baumbestand stirbt infolge der Vernässung ab. Bei den im Sommer besonders auffälligen rötlichen Flecken auf dem hellgrünen Torfmoos handelt es sich um den »Rundblättrigen Sonnentau«. Auf den trockeneren Bulten siedelt sich das Wollgras mit seinen markanten, flockigen weißen Fruchtständen an.

Den ersten Teil des Weges bildet ein künstlich aufgeschütteter Damm, der den Menschen früher zum Abtransport des Torfes diente. Aufgrund der Materialeinträge beim Dammbau bildete sich auf dem Weg eine für Moore völlig untypische Vegetation. Der südliche Teil des Weges führt über Torf. Beachten Sie, wie dieses rein pflanzliche Material beim Gehen federt. Der nördliche Bereich des Weges führt am Rande des Moores vorbei. Interessant ist hier der seltene, sehr krasse Übergang vom nassen Moor zum trockenen Dünenbereich mit den durch die Grabetätigkeit der Kaninchen auch heute noch offenen, kleinen Sandschellen. Hier zeigt sich eine auffällige Abfolge verschiedener Pflanzengesellschaften (mit den Hauptarten Torfmoos mit Moorlilie – Glockenheide – Besenheide). Ein geduldiger Beobachter wird auch in der Vogelwelt einen Wechsel wahrnehmen: auf den Wasserflächen Stock- und Krickente, im Moor Brachvogel, an Kaninchenbauten Steinschmätzer.

Absterbender Anflugwald im Pietzmoor – in wenigen Jahren wird er im Moor versunken sein.

9. Rundwanderweg über die Weseler Heide

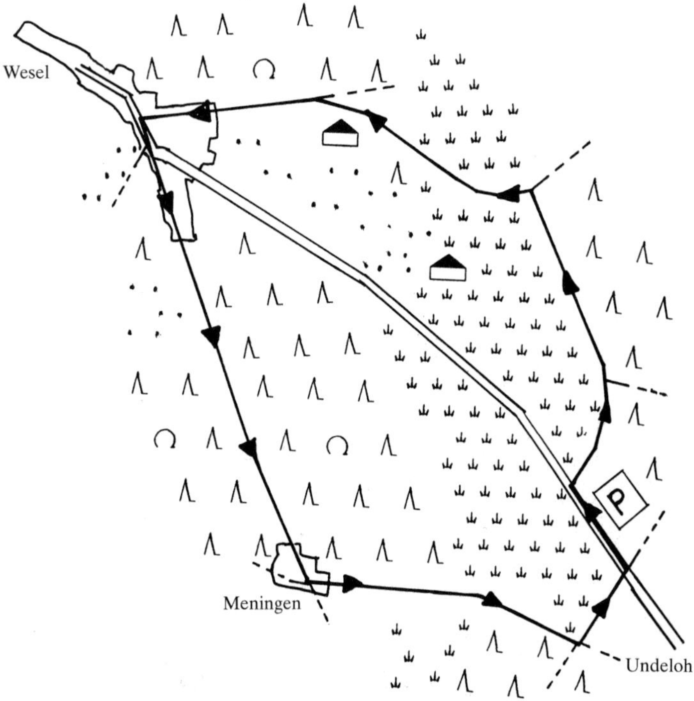

Ausgangspunkt: Waldparkplatz in der Mitte zwischen Undeloh und Wesel nordöstlich der Straße
Länge ca. 7 1/2 Kilometer, Wanderdauer ca. 2 1/2 Stunden
Am Wald-Heide-Rand gehen Sie Richtung Schierhorn. Rechts sehen Sie eine typische Heideaufforstung, die aus dem Ende der zwanziger Jahre stammt. Man versuchte, Douglasien, Japanlärchen und Fichten mit einzubringen, jedoch hat sich die Kiefer als die hier natürlich vorkommende Pionier-Baumart am besten durchsetzen können. Auf der linken Seite sehen Sie in der Heide einen Bienenzaun, der während der Heideblüte von den Imkern als Unterstellplatz für die Bienenkörbe genutzt wird. Immer wieder finden sich in der Heide einzelne Baumgruppen aus Birken, Kiefern oder Fichten, die die Heidelandschaft strukturieren

und Vögeln Brutplätze und Sitzwarten bieten. Nach einiger Zeit sehen Sie in der Heidelandschaft zunächst eher flache, später zunehmend ausgeprägte Täler, die durch Schmelzwässer der letzten Eiszeit entstanden sind. (In diesem Talsystem entspringt weiter unterhalb der Weseler Bach.) Der Weg führt Sie nun in ein tieferes Tal; auf dem Talgrund biegen Sie an der Kreuzung links ab. Rechts finden Sie Rillen im Gelände. Hier sollte um die Jahrhundertwende die Heide tiefgepflügt werden, um sie aufzuforsten. Diese Pläne wurden jedoch nicht in die Tat umgesetzt. Im weiteren Verlauf des Weges erreichen Sie bald einige Fischteiche, die durch den Aufstau des Weseler Baches entstanden sind. Im 19. Jahrhundert versuchten die Landwirte, auch durch fischereiwirtschaftliche Nutzung ihren Lebensunterhalt aufzubessern.

An den Teichen folgen Sie dem Wegweiserstein in Richtung Wesel, halten sich links und verlassen die Heide. Am Ortseingang von Wesel steht noch ein alter Schafstall seltener Bauart (Tür nicht an der Giebelfront, sondern an der Seite). Sie biegen auf die Hauptstraße links ein, folgen dieser Straße bis zur nächsten Gabelung und gehen dort geradeaus Richtung Meningen weiter.

Wesel ist ein immer noch landwirtschaftlich geprägter Ort. Die ihn umgebenden Wiesen und Äcker sind ebenso typisch für die alte Kulturlandschaft Heide wie die Heideflächen selbst. Die Größe der Äcker hat sich jedoch verändert; auch wurden die heutigen Feldfrüchte mit Ausnahme von Roggen früher nicht angebaut.

In Meningen gelangen Sie auf einen Sandweg. Auf der nächsten Kreuzung biegen Sie in Richtung Undeloh links ab. Gleich dahinter befand sich rechts eine Hofstelle des »Heidepastors« Wilhelm Bode, die allerdings 1908 einem Brand zum Opfer gefallen ist. Beim genauen Hinschauen erkennen Sie in dem Wäldchen zwischen den nachgewachsenen, heute etwa 50jährigen Eichen noch das alte Hofgehölz aus breitkronigen Eichen und Buchen. Sie durchqueren nun einen ausgedehnteren Wald, der ursprünglich nur aus Kiefern bestand. Der Verein Naturschutzpark hat

hier schon Anfang der 50er Jahre die auf diesem Standort ökologisch sinnvolle Umwandlung von Nadel- in Laubwald betrieben – eine für die Zeit des Wiederaufbaus nach dem Krieg sehr ungewöhnliche Maßnahme, da allerorts auf die schneller wachsenden Nadelhölzer gesetzt wurde. Aufgrund von Lichtmangel und Wildverbiß sind die 40jährigen Buchen auch heute noch vielfach sehr klein von Wuchs, werden aber wohl in wenigen Jahrzehnten den Hauptbestand bilden.
Sie erreichen eine kleinere Heidefläche und dahinter eine Kreuzung mit einer weit ausladenden »Kreuzeiche«, die in einigen hundert Jahren vielleicht einmal zu einem Wahrzeichen dieses Gebietes wird. An dieser Kreuzung halten Sie sich links, überqueren die Straße Undeloh – Wesel und erreichen die Einfahrt zum Parkplatz.

Junge Kieferntriebe in der Abendsonne.

Radwandern im Naturschutzgebiet Lüneburger Heide

Das Naturschutzgebiet ist für Radwanderer nur bedingt geeignet. Während des Zeitraums von Mai bis Oktober sind in den Heidebereichen zwischen Haverbeck und Undeloh so viele Fußgänger unterwegs, daß man mit dem Fahrrad nur mühsam vorankommt und dabei immer wieder die Wanderer oder Fußgänger stört. Deshalb werden drei Radwanderwege empfohlen, die die Kernbereiche des Naturschutzgebietes jeweils nur streifen, dem Radler aber weitgehend freie Fahrt ermöglichen. Vereinzelt gibt es auch auf diesen Radwegen – wie auf den meisten Wanderwegen – stark sandige Abschnitte, die zum Schieben zwingen.

1. Radwanderweg durch den Nordteil des Naturschutzgebietes

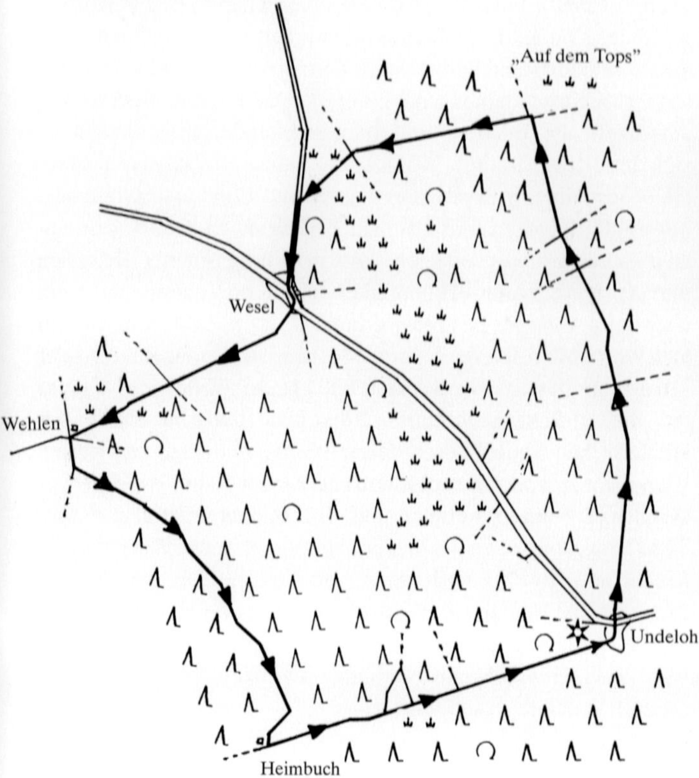

Ausgangspunkt Undeloh
Länge 22 Kilometer, Dauer 3 Stunden
Nächste Bahnstation ist Handeloh; von dort aus kommend stößt man in Wesel auf den Rundweg.
In Undeloh an der Kreuzung in der Ortsmitte folgen Sie der Ausschilderung Hanstedt/Ollsen. Sie fahren dann immer geradeaus und vermeiden bitte Abzweigungen nach Ollsen oder Hanstedt.
Der Weg führt zunächst über weite Strecken durch Privatwald-

gebiete und Klosterforste, die erst durch Heideaufforstungen im diesem Jahrhundert entstanden sind. Die Waldbestände werden noch vorrangig unter erwerbswirtschaftlichen Gesichtspunkten behandelt; sie sind durch Einschichtigkeit und manchmal auch durch Anbau fremdländischer Bäume geprägt (nordamerikanische Douglasie, japanische Lärche). Dazwischen finden sich vereinzelt alte Buchen- und Eichenbestände. Hier handelt es sich um Reste uralter Wälder, die selbst die Zeiten größter Heideausdehnung überdauert haben und über ursprüngliches, gut an die hiesigen klimatischen Bedingungen und Bodengüte angepaßtes Erbgut verfügen. Die Erhaltung solcher Bestände und deren Weiterentwicklung über natürliche Verjüngung ist ein wichtiges Anliegen des Naturschutzes.
Der Weg stößt schließlich auf die Nordwestecke der Heidefläche »Auf dem Töps«, von der sich bei klarem Wetter ein schöner Ausblick auf Hamburg-Harburg und Umgebung bietet. Auf der Heidefläche stehen mehrere Bienenzäune, in die zur Heideblüte Bienenkörbe und Bienenkästen gebracht werden, die dort vor Wind und Sonne geschützt sind. Ein Schnuckenstall auf dem Töps stammt aus den sechziger Jahren und bietet Platz für 350 Muttertiere einschließlich der zugehörigen Lämmer und Böcke. Zur Zeit der Heidebauernwirtschaft waren die Herden zahlenmäßig weniger groß. Da außerdem die einzelnen Tiere nur ein weit geringeres Gewicht erreichten als heute, sind die historischen Schafställe erheblich kleiner.
Am Töps biegen Sie links ab, durchqueren dann zunächst wieder ein größeres Privatwaldgebiet und gelangen über die Weseler Heide zur Straße Schierhorn-Wesel. Dort biegen Sie links ab, kommen nach Wesel und fahren von dort aus weiter nach Wehlen (Informationen zu den Ortschaften siehe Kapitel »Dörfer, Weiler, Einzelhöfe«, S. 108).
Von Wehlen aus folgen Sie den Wegweisersteinen nach Heimbuch.
Sie gelangen bald an eine kleine Heidefläche, in der das tief eingeschnittene Quelltal des Rehmbaches liegt. Im Quellbereich haben sich typische Heidemoore entwickelt (siehe Kapitel

»Moore«, S. 90). Die Heidefläche ist locker mit jungen Kiefern und Birken durchsetzt, die sich aus eingeflogenen Samen entwickelt haben. Der Gehölzaufwuchs muß im Rahmen von Heidepflegemaßnahmen immer wieder zurückgedrängt werden, weil es sonst zu einer vollständigen Verwaldung kommen würde (siehe Kapitel »Heide«, S. 43). Dabei werden allerdings nicht alle kleinen Bäume entnommen; einzelne bleiben stehen, um eine lockere Verbuschung zu erhalten. Ein gewisser Verbuschungsgrad ist für einige typische Tierarten der Heide lebensnotwendig, wie für das Schwarzkehlchen, den Raubwürger, die Zauneidechse und die Schlingnatter.

Der weitere Weg nach Heimbuch führt Sie durch Waldflächen des Staatlichen Forstamtes Sellhorn, die unter Naturschutzgesichtspunkten gepflegt werden. Die Bestände sind von unterschiedlicher Altersstruktur, also »mehrstufig«. In die Nadelbaumbestände sind Buchen und Eichen hineingepflanzt worden. An der Försterei Heimbuch lädt eine Trinkwasserpumpe zu einer kleinen Erfrischung ein. Der Weg von Heimbuch nach Undeloh führt streckenweise über einen aufwendig gebauten Damm, der zur Zeit des Nationalsozialismus durch den »Reichsarbeitsdienst« angelegt wurde. In Undeloh empfiehlt sich ein Besuch der historischen Magdalenenkapelle (siehe »Dörfer, Weiler, Einzelhöfe«, S. 108).

2. Radwanderweg durch den Südwestteil des Naturschutzgebietes

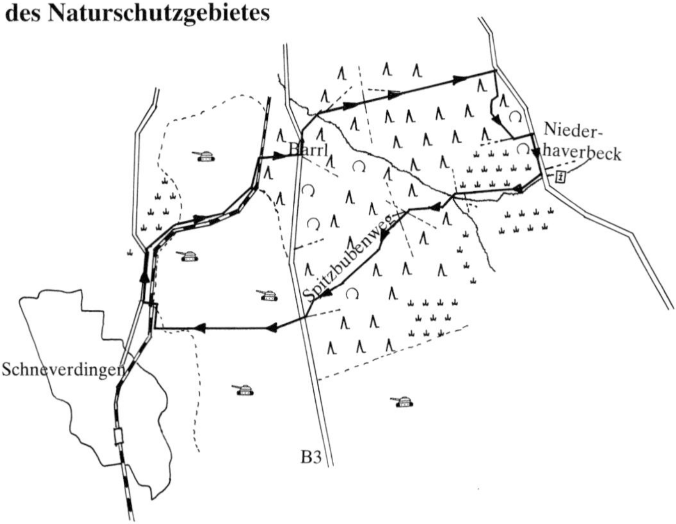

Ausgangspunkt Niederhaverbeck
Länge 19 Kilometer, Dauer 2 1/2 Stunden
Nächste Bahnstationen sind Schneverdingen und Wintermoor.
Von Niederhaverbeck aus fahren Sie in Richtung Schneverdingen. Der Weg zweigt zwischen dem Gasthaus Haverbeckhof und einem Feuerlöschteich von der Landstraße ab. Nach ca. 250 Metern liegt auf der linken Wegseite ein gut erhaltenes Hügelgrab. Für dieses Grab sind mehrere Bestattungen aus dem Zeitraum zwischen 1.800 und 1.500 v. Chr. nachgewiesen worden. Schon damals war das heutige Naturschutzgebiet besiedelt; Viehverbiß und Streunutzung hatten bereits zur Entstehung erster Heideflächen geführt. Weil die Bodenoberfläche innerhalb des Naturschutzgebietes weit weniger verändert worden ist als in der umgebenden Landschaft, wurden hier zahlreiche Bodendenkmäler bewahrt, unter anderem weit über 1.000 Hügelgräber der Bronzezeit und der vorchristlichen Eisenzeit.
Nach zirka einem Kilometer zweigt nach links ein Weg ab, der zu einem Bohlensteg führt. Er überbrückt das Tal der Haverbee-

ke. Der Bach, der zuvor in einem begradigten Bett floß, ist vor wenigen Jahren renaturiert worden. Er hat sich in mehrere Arme geteilt und bewirkt die Versumpfung eines größeren Talabschnittes. Für einige Wacholder ist es nun zu naß geworden; sie sterben ab. Stattdessen erscheinen Pflanzen feuchter Standorte. Es lohnt sich, hier abzusteigen und etwas auf dem Bohlensteg zu verweilen. Häufig lassen sich Fische beobachten.

Der Radweg führt nicht über den Steg, sondern weiter geradeaus. Nach 50 Metern sehen Sie an der rechten Wegseite den Rand eines Waldes. Es empfiehlt sich, anzuhalten und nach links zu schauen, da sich ein schöner Blick in das Wümmemoor bietet, das Quellgebiet der Wümme. Zu großen Teilen war dieses Moor bereits entwässert und wurde als landwirtschaftliches Grünland genutzt; es ist während der letzten Jahrzehnte vollständig renaturiert worden. Heute finden sich hier seltene Pflanzenarten (Lungenenzian, Moorlilie, Sonnentau) und Brutplätze typischer Moorvogelarten (Bekassine, Krickente).

Der Weg verläßt jetzt die offene Landschaft und führt in ein geschlossenes Waldgebiet. Rechts des Weges wächst einer der ältesten Kiefernbestände des Naturschutzgebietes, der seine Entstehung bäuerlicher Aufforstung zu Beginn des vorigen Jahrhunderts verdankt. Die in dem Bestand vorkommenden Fichten sind aus Naturverjüngung hervorgegangen. Bald kommen Sie an einen Wegestern, an dem Sie halblinks in den Spitzbubenweg einbiegen. Zu einer Zeit, als die Postboten noch nicht motorisiert waren, nutzten sie den Spitzbubenweg als kürzesten Verbindungsweg zwischen Schneverdingen und Haverbeck. Der Weg hieß deshalb früher Postbotenweg.

Nachdem Sie die Bundesstraße 3 überquert haben, gelangen Sie in die sogenannten »Roten Flächen«. Dieses Gelände ist nach dem Ende des Zweiten Weltkriegs von der britischen Besatzungsmacht beschlagnahmt worden und wird seitdem für Panzerübungszwecke mißbraucht (siehe Kapitel »Militärische Nutzung«, S. 137). Es bietet einen Anblick vollkommener Verwüstung. 1994 wollen die Briten dieses Gelände endlich verlassen.

Der Weg stößt auf die Bahnlinie Hamburg-Soltau, vor der Sie

Einzeln stehende Kiefer – seit Jahrhunderten trotzt sie den Stürmen.

rechts abbiegen. Nach 500 Metern überqueren Sie die Bahnlinie und fahren auf der anderen Seite weiter daran entlang, bis Sie die Überführung bei Barrl erreichen. Dort biegen Sie rechts ab, fahren zur B 3 und dann links bis zum Gasthaus »Hof Barrl«. Dem Gasthof gegenüber führt Ihr Weg in einen Waldkomplex hinein. Sie folgen jetzt der Ausschilderung »Einem«. Nach 400 Metern überqueren Sie auf einer kleinen Holzbrücke die Wümme, die an dieser Stelle häufig kein Wasser führt. Im Bereich des Oberlaufs der Wümme treten im Wechsel lehmige und sandige Bodenschichten an die Oberfläche. Der Bach fließt auf den relativ wasserundurchlässigen Lehmschichten und versickert, wenn er sandige Schichten erreicht (»Bachschwinde«).

Der Waldkomplex, den Sie jetzt durchqueren, ist aus Heideaufforstungen im letzten Drittel des vorigen Jahrhunderts hervorgegangen. Damals wurden überwiegend Reinbestände aus Kiefern begründet. Die Kiefer ist die Pionierbaumart der Heide und erscheint dort, wo Heideflächen sich selbst überlassen bleiben, von Natur aus. Die natürlichen Kiefernpionierwälder haben allerdings keine so gleichförmigen Strukturen wie gepflanzte Bestände. Die Kiefernbestände werden bereits in der nächsten Waldgeneration einen hohen Laubholzanteil bekommen. Unter dem lichten Schirm älterer Kiefernbestände können sich die anspruchsvolleren Laubbaumarten wie Eichen und Buchen gut entwickeln. Sie profitieren von dem Wind- und Sonnenschutz des Schirmes und von dem Humus, der durch den Kiefernbestand aufgebaut worden ist.

Dort, wo der Weg auf die Landstraße mündet, befindet sich ein kleiner Parkplatz. Sie folgen hier dem Wegweiser Niederhaverbeck und biegen rechts auf einen Waldweg ab. Er führt Sie durch einen älteren Mischbestand aus Buche, Eiche und Fichte. Sie befinden sich in einer ehemaligen »Königlichen Holzung«. Solche Waldgebiete standen unter dem Schutz des Landesherrn und durften weder gerodet noch beweidet werden. Sie haben deshalb selbst Zeiten größter Heideausdehnung überdauert.

Wenn Sie in Niederhaverbeck eintreffen, sollten Sie dort das Naturinformationshaus (Adresse siehe S. 153) besuchen.

3. Radwanderweg durch den Südostteil des Naturschutzgebietes Ausganspunkt Behringen

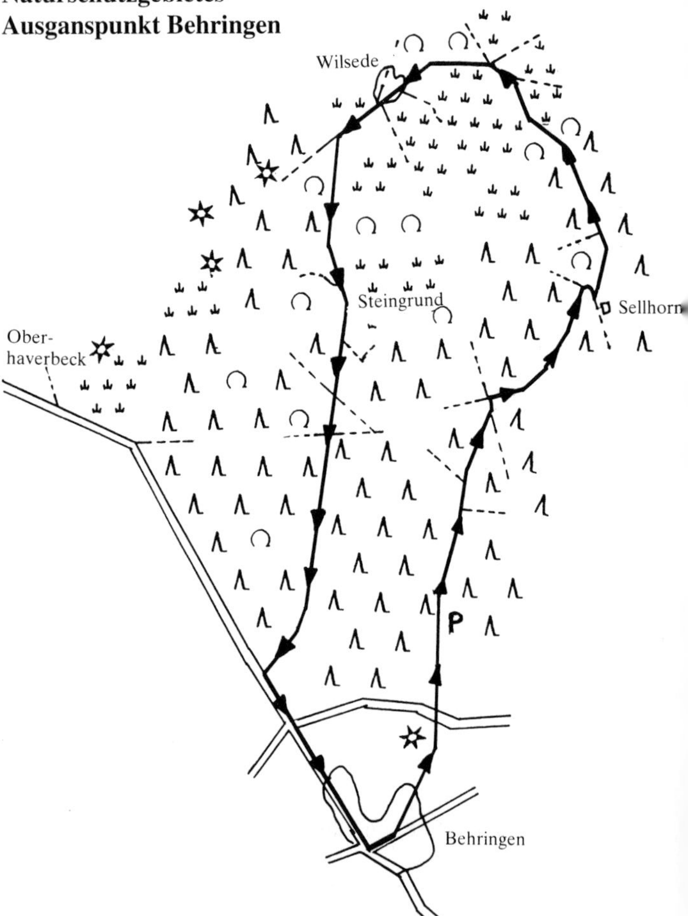

Länge ca. 14 Kilometer, Dauer ca. 2 1/2 Stunden (ohne Aufenthalt in Wilsede)

Parkmöglichkeit: Sie fahren von der Kreuzung in der Ortsmitte Behringen in Richtung Volkwardingen, biegen nach kaum 200 m halblinks ab, überqueren dann die Nordumgehung Beh-

ringen und fahren geradeaus bis zum Waldrand; dort befindet sich ein Parkplatz.
Sie orientieren sich an der Ausschilderung Sellhorn. Der Weg führt durch einen großen Staatswaldkomplex, der aus Heideaufforstungen im letzten Drittel des vorigen Jahrhunderts entstanden ist. Da die Böden über eine bessere Wasser- und Nährstoffversorgung verfügen, hat man hier außer Kiefern- vielfach auch Fichtenbestände angelegt. Der Waldkomplex wird heute mit standorttypischen Laubbäumen (Buchen und Eichen) angereichert. Der Weg führt an mehreren verlichteten Nadelbaumbeständen vorbei, die bereits mit Laubbäumen unterpflanzt worden sind.
In Sellhorn mündet Ihr Weg auf die Straße nach Wilsede; Sie müssen dort links abbiegen.
Sellhorn ist Sitz eines 1860 gegründeten Staatlichen Forstamtes, das die Heideaufforstungen in der Umgebung organisiert hat. Die kleine Ansiedlung geht auf einen bereits 1231 erstmals erwähnten Hof zurück. Sellhorn zeigt mit seiner Lage am Oberlauf eines Baches die typischen Merkmale einer Siedlungsstelle in der Heide: Der Ort verfügt über gutes Trinkwasser, feuchtes Grünland im Bereich des Bachtales, Ackerland auf höher gelegenen, trockenen Standorten mit leicht lehmigen Böden und ein Hofgehölz aus Buchen und Eichen.
Auf dem Weg von Sellhorn nach Wilsede bildet auf der rechten Seite ein Quell-Erlenbruchwald den Abschluß des zusammenhängenden Waldkomplexes. Dieser sehr naturnahe Wald, der sich im Quellbereich des Sprengebachs entwickelt hat, wird nicht bewirtschaftet. Im Vorfrühling fällt hier das leuchtende Grün des Gegenblättrigen Milzkrautes auf, das am Boden einen dichten Rasen bildet. In einem Bruchwald entwickeln sich Niedermoor-Torfe, die hier früher von der örtlichen Bevölkerung abgebaut und zu Brennzwecken genutzt worden sind. Die rechteckigen Torfstiche sind noch gut zu erkennen.
Wenn Sie Wilsede erreicht haben, stellen Sie bitte Ihr Fahrrad ab, denn der Ort läßt sich am besten zu Fuß erkunden. Einen Ortsplan und eine Beschreibung finden Sie im Kapitel »Dörfer,

Ein Wald aus Wacholder – der Steingrund.

Weiler, Einzelhöfe«, S. 108. Lohnend ist ein Besuch des Heidemuseums, eines Heidebauernhauses aus dem Jahr 1742 mit vollständiger Einrichtung. Auch den Wilseder Berg und den Totengrund können Sie von Wilsede aus zu Fuß erreichen. Die schmalen und streckenweise steilen Wanderwege, die dort hinführen, eignen sich nicht zum Radfahren. Nach Ihrem Aufenthalt in Wilsede verlassen Sie diesen Ort in Richtung Haverbeck. Nach 400 Metern biegen Sie vor einem Waldrand links ab und folgen der Ausschilderung »Behringen«. Sie gelangen jetzt in eines der schönsten Täler des Naturschutzgebietes, den Steingrund. Kennzeichnend für dieses Trockental sind ausgedehnte und dichte Wacholderbestände. Der Wacholder ist ein lichtliebender Strauch, der wegen seiner spitzen Nadeln vom Vieh nicht gefressen wird. Er konnte in Weidegebieten überleben, da die Tiere die umliegenden Pflanzen abweideten und ihm hierdurch das für ihn lebensnotwendige Licht sicherten. Im Schutz des Wacholders können sich verbißempfindlichere Gehölze wie Eichen, Buchen, Vogelbeeren und Kiefern entwickeln. So sieht man manchmal junge Bäume aus einer Wacholdergruppe hervorwachsen. Der Wacholder tritt sehr vielgestaltig auf (schlank, mehrstämmig oder kugelig) und erreicht ein erstaunlich hohes Alter. Die ältesten Exemplare des Naturschutzgebietes sind 500jährig.

Sie fahren ca. 1.500 Meter am Wald-Heiderand entlang. Dort, wo der Heiderand nach links abknickt, fahren Sie geradeaus in den Wald hinein. Ihr Weg mündet schließlich auf die Landstraße Haverbeck-Behringen. Dort fahren Sie links, biegen nach 500 Metern nochmals links ab auf die Nordumgehung Behringen und gelangen so wieder zu Ihrem Ausgangspunkt.

Naturschutzgebiet Lüneburger Heide in Zahlen und Fakten

Lage: Etwa 40 km südlich von Hamburg, 70 km östlich von Bremen, 90 km nördlich von Hannover; größere Ortschaften am Rande des Naturschutzgebietes sind Schneverdingen im Südwesten, Bispingen im Südosten, Hanstedt im Nordosten und Buchholz im Nordwesten.
Bewohner des Naturschutzgebietes (einschließlich der aus dem Naturschutzgebiet herausgelösten »Enklaven« Undeloh und Wesel) ca. 1.000, entsprechend etwa fünf Einwohner/km^2.

Höhenlage: Von ca. 40 Meter über NN im Nordwesten des Gebietes (Inzmühlen, Holmer Teiche) bis 169,2 Meter (Wilseder Berg, höchster Punkt des nordwestdeutschen Tieflandes).

Naturräumliche Lage: Der größte Teil des Naturschutzgebietes wird der sogenannten »Hohen Heide« zugeordnet, die durch den Haupt-Endmoränenzug des norddeutschen Tieflandes geprägt ist. Der Bereich der Wümmeniederung (Barrl) gehört zur naturräumlichen Region »Stader Geest«.

Klima: Das Klima ist infolge der Stauwirkung durch den von Norden nach Süden verlaufenden Höhenzug mit dem Wilseder Berg stärker atlantisch geprägt als das Umland. Die Niederschläge liegen in Wilsede bei annähernd 800 mm im Jahresdurchschnitt, aber auch die 1.000-mm-Marke wird ab und zu im Naturschutzgebiet überschritten. Die Jahresdurchschnittstemperatur liegt bei 8 Grad mit leicht steigender Tendenz. An Frosttagen wird für den Ausgleichszeitraum 1891 bis 1950 die Zahl von 100 angegeben, während der letzten ca. 30 Jahre wurden durchschnittlich nur noch weniger als 50 gezählt.

Bäche, Flüsse: Die zentrale Endmoräne mit dem Wilseder Berg ist Wasserscheide zwischen Weser und Elbe. Zur Weser entwässern Haverbeeke und Wümme sowie – über die Aller – die Böhme, zur Elbe Seeve, Schmale Aue, Radenbach, Este und Brunau.

Größe: In den Abgrenzungen aus der Zeit der Unterschutzstellung 1921 ca. 20.000 ha, seit 1990 Aufstockung auf ca. 21.500 ha.

Flächenanteile: Annähernd 60 Prozent Wald (12.500 ha), davon ca. 5.000 ha Staatswald, 2.600 ha Wald des Hannoverschen Klosterfonds, ca. 4.000 ha Privatwald (meist bäuerlicher Waldbesitz), 900 ha besitzt der Verein Naturschutzpark e.V.
Weiterhin gehören zum Naturschutzgebiet ca. 14 Prozent Heide (3.000 ha), ca. 4 Prozent Moore, Tümpel, Fluß- und Bachtäler (900 ha), ca. 15 Prozent landwirtschaftliche Nutzflächen (3.300 ha), ca. 8 Prozent Panzerübungsgelände (1.800 ha).

Besitzverhältnisse: Ca. 6.000 ha Verein Naturschutzpark, ca. 5.000 ha Land Niedersachsen/Staatliches Forstamt Sellhorn, ca. 2.600 ha Land Niedersachsen/Hannoverscher Klosterfonds, der Rest ist Privateigentum bzw. zu einem sehr geringen Teil Gemeindeeigentum.

Geschichte: Erster Ankauf für Naturschutzzwecke durch Pastor Bode mit einer Spende von Prof. Thomsen 1906 (Totengrund), seit 1910 großflächige Ankäufe durch den Verein Naturschutzpark, 1921 erster staatlicher Schutz durch eine Polizei-Verordnung, 1935 Verabschiedung des Reichsnaturschutzgesetzes und Eintragung der Lüneburger Heide in die Liste der Naturschutzgebiete als Nr. 1.

Verkehrsanbindung: Die Bahnlinie Hamburg–Buchholz–Soltau–Hannover berührt das Naturschutzgebiet im Westen; Bahnhöfe in Handeloh, Wintermoor und Schneverdingen. Busverbindungen: Mit Buslinien verschiedener Träger sind alle Orte am

Rand des Gebiets erschlossen; im Kernbereich (Ober- und Niederhaverbeck) halten die Busse der Linie Hamburg ZOB–Munster–Uelzen. Straßenanbindung durch A 7 (Abfahrten Egestorf, Evendorf, Bispingen) sowie B 3. Innerhalb des Gebietes sind nur wenige Straßen für den allgemeinen Verkehr geöffnet. Parken ist nur auf den ausgewiesenen Parkplätzen gestattet. Kutschwagen können in den meisten Orten am Rande des Naturschutzgebietes und in Ober- und Niederhaverbeck sowie Undeloh gemietet werden.

Begriffserklärungen – von Bienenzaun bis Wacholder

Bienenzaun: Die Bienenzäune sind kleine Schutzbauten für die Bienenvölker, die zur Heideblütenzeit in die offene Heide gebracht werden. Ihr Sinn besteht darin, die Bienenstöcke – besonders bei der Korbimkerei – vor Wind und Mittagssonne zu schützen. Bei der modernen Kastenimkerei sind die Kästen bereits isoliert, Bienenzäune also im Grunde nicht mehr nötig. Aus ästhetischen Gründen werden sie aber weiter genutzt. In früheren Zeiten waren Bienenzäune meist einfache Lattenbauwerke, die reetgedeckten Varianten kamen erst in den 60er Jahren auf.

Buchweizen: Der Buchweizen hat weder etwas mit der Buche noch mit dem Weizen zu tun. Er ist keine Getreideart, sondern ein Knöterich. Der Buchweizen wurde und wird als nährstoffreiche Frucht nicht nur für Buchweizentorte und »Bookwetenpannkoken« verwendet. Er hatte in früheren Jahrhunderten eine sehr große Bedeutung für die allgemeine Ernährung, da er recht anspruchslos ist und auch auf Moorböden wächst. Auch heute noch kann man im Naturschutzgebiet vereinzelt Buchweizenfelder antreffen; die Pflanze wird bis etwa 60 Zentimeter hoch, blüht mit kleinen weißen Blüten und hat bucheckernähnliche (daher der Name), dreikantige, ca. 5 mm große Früchte. Die Heimat des Buchweizens ist Mittelasien, doch wird er schon seit vielen Jahrhunderten hier angebaut.

Ebbenbrocken (Fürstengrab): Hier handelt es sich um das größte der meist bronzezeitlichen Hügelgräber des Naturschutzgebietes, etwa zwei Kilometer nördlich von Niederhaverbeck gelegen. Offenbar war es Ruhestätte einer einflußreichen Sippe.

Ein Bienenzaun in den 50er Jahren. Damals gab es kaum Bienenkästen; die Imker arbeiteten mit Körben, den »Lüneburger Stülpern«.

Flachs (Leinen): Der Flachs ist eine alte Nutzpflanze, die in ihrer Gesamtheit durch Herauslösung der Faser und Verarbeitung zu Stoff (Leinen, Linnen) Verwendung findet; seine Frucht (Leinsamen) wird zur Herstellung von Leinöl genutzt. Flachs blüht bläulich, meist im Juli/August. Er erreicht eine Höhe von etwa 80 Zentimetern.
Für die Verarbeitung von Flachs zu Leinen und Stoffen versammelten sich in früheren Zeiten die jüngeren Frauen des Dorfes an kalten Winterabenden auf einem Hof. Da zu dieser Jahreszeit wenig Feldarbeit zu erledigen war, nutzten Knechte und Jungbauern die günstige Gelegenheit zu Anbändelungsversuchen – daher der noch heute übliche Begriff »flachsen« für ein sich produzierendes Herumalbern.

Heide: Die Bedeutung des Begriffes Heide hat sich im Laufe der Jahrhunderte gewandelt. Anfangs war Heide gleichbedeutend mit der Allmende, also dem Gebiet, das der gesamten Dorfgemeinschaft gehörte, auf das niemand als einzelner direkten Anspruch hatte und das im allgemeinen Weidezwecken diente. Um das Jahr 1.000, zu einer Zeit, als die Heiden der verschiedenen Dörfer wahrscheinlich inzwischen zusammengewachsen waren, wurde mit diesem Begriff auch die Landschaft insgesamt benannt, es wurde nun also auch ein großes Gebiet mit Dörfern, Wäldern und anderen Landschaftsbestandteilen als Heide bezeichnet.
Einen Unterschied zwischen Heide und Wald gab es in früheren Zeiten also nicht. In dem II. Buch (Art. 61,2) des Sachsenspiegels, des Gesetzbuches aus dem beginnenden 13. Jahrhundert, findet sich der Absatz: »Doch sind drie stede binnen deme lande to sassen, dar den wilden dieren vrede geworcht is bi koniges banne, sunder beren unde wolven unde vössen; dit hetet ban vorste. Dat is die heide to koyne; dat andere die hart; dat dridde die maget heide.«* Man geht davon aus, daß mit der Magetheide die heutige Lüneburger Heide gemeint war. Ob nun Maget als mächtig, also als von der Ausdehnung her groß interpretiert werden kann, ist unklar. Vielleicht heißt Maget auch Magd, die Ma-

get Heide wäre dann eine Mädchenheide im Sinne einer unberührten Urheide, die niemandem gehört.
Die *Heidelandschaft* wurde also ein *»Bannforst«*. Interessant an dem obigen Ausschnitt des Sachsenspiegels ist, daß bereits im Mittelalter Naturschutz praktiziert wurde. Doch bis zur ersten Ausweisung eines Naturschutzgebietes gingen nach dieser berühmten Gesetzesvorschrift des Sachsenspiegels noch 700 Jahre ins Land …
In einer Urkunde aus dem Jahre 1371 werden bestimmte Gebiete dieser *Landschaft* Heide bei Gartow vom Herzog von Braunschweig dem Johanniterorden übereignet »mit Wesen, myd Weyde, mit Welden, mit Heyde, myd Wischen …« Nun wird die Heide also auch als *Vegetationsform* gesehen.
Aber die Bezeichnung Heide für die gesamte Landschaft blieb weiterhin in Gebrauch. So wurde 1501 in der Überarbeitung, sozusagen der zweiten Auflage, der ersten Straßenkarte für das Gebiet des heutigen Deutschlands (»das sein dy lantstrassen durch das Romisch reych von einem Kunigreych zw dem andern«) der Begriff »Lvnbvrger Heid« erstmalig schriftlich eingeführt; er war offenbar bereits so bedeutend, daß er auf dieser Karte auch die einzige Landschaftsbezeichnung blieb, die überhaupt eingetragen wurde.
Auch in der Literatur zeigt sich der unterschiedliche Sinngehalt des Begriffes Heide. Annette von Droste-Hülshoff (1797 bis 1848) beschreibt in dem Gedicht »Der Knabe im Moor« die Angstvorstellungen eines Kindes beim Gang durch das Moor, läßt die Ballade dann jedoch ausklingen mit dem Vers »oh, schaurig war's in der *Heide!*«

* Übertragung in heutiges Deutsch: »Doch gibt es drei Stätten im Lande Sachsen, an denen den wilden Tieren Friede zuteil wird durch den Bann des Königs, außer den Wölfen, Bären und Füchsen. Sie heißen Bannforste. Die erste ist die Heide bei Koyne, die zweite der Harz, die dritte die Magetheide«. Auch der Begriff Forst hat sich in seiner Bedeutung geändert. Er stammt wohl vom keltischen »dvorestu« und bedeutete »außerhalb«. Der Forst war also der Wald, an dem niemand Interesse hatte, der folglich niemandem gehörte und den der Landesherr sich später aneignete und hegte. Somit war der Forst erst ein Urwald, später ein bewirtschafteter oder (heute) auch künstlich angelegter Wald.

Die Bezeichnung Heide blieb erhalten, als die offenen Heiden aufgeforstet wurden. Deshalb finden sich heute wieder große Waldgebiete, die den Namen Heide tragen, zum Beispiel die Schorfheide.

Heidschnucke: Während als Ahnherr der meisten Schafrassen das sowjetischen Wildschaf, das Arkal, gilt, so stammt die Heidschnucke vom Europäischen Wildschaf ab, dem Mufflon, das heute nur noch auf Korsika und Sardinien wild vorkommt, in anderen Gebieten lediglich aus jagdlichen Gründen wiederausgebürgert wurde. Die anfangs schwarzen, persianerähnlichen Lämmer werden heutzutage im Februar/März geboren (früher geschah dies erst im Mai). Im Mai/Juni müssen die Tiere aus hygienischen Gründen geschoren werden, da sonst das Haar zu sehr verfilzt. Die harte Wolle wird zu Teppichen verarbeitet; die Kosten für die Schur sind höher als der Erlös für die Wolle. Heidschnuckenlämmer werden im Frühjahr als »Rasenmäher« verkauft, Heidschnuckenfleisch wird von allen Schlachtereien im Umkreis des Naturschutzgebietes geführt.

Naturschutzpark/Naturschutzgebiet/Naturpark/Nationalpark: Bis zur Jahrhundertwende gab es in Deutschland keinen im heutigen Sinne tätigen Naturschutz; es wurden lediglich einzelne Naturdenkmäler, also zum Beispiel besondere, einzeln stehende Bäume unter Schutz gestellt. Die zu dieser Zeit in vielen Staaten der Erde entstehenden Nationalparks (großräumige, vom Menschen unbeeinflußte Regionen) führten dann auch in Deutschland zur Gründung der ersten Initiativen, die sich die großflächige Unterschutzstellung ganzer Landschaften zum Ziel setzten. Einer der heftigsten Verfechter dieser Ideen war übrigens Hermann Löns: »Wir haben in Preußen eine Staatliche Stelle für Naturdenkmalpflege,(...) aber besieht man sich das, was dabei herauskommt, mit nüchternen, kritischen Augen, so kommt man zu dem Schlusse: Jawohl, das alles haben wir, aber einen Naturschutz, den haben wir nicht! (...) Die amtliche Naturdenkmalpflege erweckt immer mehr den Verdacht, als arbeite sie einem

Romantisch verklärt – das Bild vom Schäfer. Die Realität sieht wohl anders aus. Der Schäfer ist sieben Tage in der Woche bei Sturm, Frost, Regen und Schnee draußen bei seinen Tieren.

großzügigen, wirksamen Naturschutz entgegen. Sie schützt Belanglosigkeiten, arbeitet im Detail, hemmt aber eine Bewegung, die sich auf das Ganze richten muß.«
Da im stark bevölkerten Mitteleuropa kaum noch Gebiete existierten, die im Sinne eines Nationalparks ihren ursprünglichen, vom Menschen unbeeinflußten Charakter erhalten hatten, suchte man einen anderen Begriff für die schützenswerten Landschaften. Schließlich setzte sich der Begriff Naturschutzpark durch. Aus der Bewegung für großflächige Naturschutzgebiete entstand der Verein Naturschutzpark. Durch Flächenankäufe gelang es dem Verein, die Naturschutzparks »Lüneburger Heide« und »Hohe Tauern« (Österreich) zu gründen.
In das Reichsnaturschutzgesetz 1935 wurde der Begriff Naturschutzpark wegen seiner Wortverwandschaft zum großflächigen Nationalpark dann jedoch nicht aufgenommen; man begnügte sich mit der weniger verpflichtenden Bezeichnung »Naturschutzgebiet«. Deshalb ist die Lüneburger Heide rund um den Wilseder Berg heute rechtlich gesehen ein Naturschutzgebiet.
Mit dem Wirtschaftswunder erlangten in den 50er und 60er Jahren Naherholung und Urlaub eine immer größere Bedeutung. Wirtschaftlich benachteiligte Regionen sollten durch den Aufbau des Tourismus gefördert werden, über 25 Prozent der Fläche des (alten) Bundesgebietes wurden aus diesem Grunde mit dem »Gütesiegel Naturpark« versehen. Bezeichnenderweise wurde der bereits existierende Begriff Natur*schutz*park um die eine, wesentliche Silbe verkürzt; der Begriff Naturpark ist laut Gesetz keine Schutzkategorie. Heute allerdings haben sich Anspruch und Zielsetzung vieler damals gegründeter Naturparks erweitert: Ausweisung von Ruhezonen für die Tier- und Pflanzenwelt, die Beachtung von Naturschutzgesichtspunkten bei den Angeboten für den Tourismus gewinnen an Bedeutung.
Aufgrund von Definitions-Änderungen sind heute auch in der Bundesrepublik einige Nationalparks ausgewiesen worden. Kulturlandschaften dürfen heute in einer gewissen Größenordnung in einem Nationalpark enthalten sein; die neuen Parks haben allerdings eine große Kernzone aufzuweisen, die noch na-

turnah erhalten geblieben ist und künftig ganz der natürlichen Entwicklung überlassen werden soll.

Ortstein: Durch die Heidepflanze selbst sowie durch die wegen der großen Lichtmenge auf Heideflächen begünstigten Bodenorganismen werden in den oberen Zentimetern des Bodens Huminsäuren gebildet, die Eisen, Aluminium, Humus und Ton aus den oberen Bodenschichten auswaschen und bei Regen absinken lassen. Gelangen diese Teile in Bodenschichten mit einem geringeren Säuregrad, so lagern sie sich wieder ab und bilden harte, für Wurzeln kaum durchdringbare, dunkelbraune Schichten, die als Orterde oder – wenn sie noch fester verdichtet sind – als Ortstein bezeichnet werden. Der darüberliegende, ausgewaschene Sand wird hingegen hellgrau, er ist »podsoliert«. So erklärt sich auch die typische Farbe der Heide-Wanderwege.

Plaggen: Die Wirtschaftsweise der Heidebauern war geprägt durch einen intensiven Arbeitseinsatz in einer ansonsten extensiven Landwirtschaft. Der für den Ackerbau auf den armen Böden nötige Dünger mußte von den Heideflächen genommen werden: Mit einer speziellen Hacke, der Twigge, wurde »geplaggt«, oder es wurden »Plaggen gehauen«, d.h. die Heidepflanze wurde mit dem Humus von der Erde abgeschält. Diese Plaggen dienten als Streu für die Schnuckenställe und wurden später, mit dem Mist der Tiere vermischt, auf die Äcker gebracht. Erst zum Ende des letzten Jahrhunderts ging mit dem aufkommenden Kalidünger die benötigte Menge der Plaggen zurück; vorher waren auf einem durchschnittlichen Hof das ganze Jahr hindurch zwei Mann ausschließlich mit dem Plaggen beschäftigt.

Reetdach: Ursprünglich war diese Art der Dachbedeckung ein Zeichen für Armut; nur sehr reiche Landwirte konnten sich bei den Ziegeleien gebrannte Dachpfannen kaufen, die anderen sammelten bei der Ernte das Stroh und deckten damit ihre Gebäude. Durch den heute üblichen Einsatz von Chemikalien zur

Verminderung des Höhenwachstums bei Getreide (CCC; hiermit soll die Gefahr des Halm-Abknickens vermindert werden) ist Stroh für das Dächerdecken nicht mehr brauchbar. Deshalb wird jetzt Schilf (Reet) als Material genutzt. Zum Teil kommt es aus der Holsteinischen Schweiz, meist aber aus Ungarn (Plattensee), Polen, Österreich und auch der Türkei. Reetdächer haben eine Lebensdauer von über 50 Jahren, sie müssen aber nach Regenfällen durch Sonneneinstrahlung möglichst schnell abtrocknen können. Im Schatten, unter Bäumen, siedeln sich sonst Moose an, die die Feuchtigkeit halten, und Mikroorganismen zersetzen das Reet innerhalb weniger Jahrzehnte. Reetdächer sehen nicht nur schön aus, sie wirken auch sehr gut wärmeisolierend.

Saline Lüneburg: Es herrscht vielfach die Auffassung, die Heideflächen seien durch den hohen Brennholzverbrauch bei der Salzgewinnung in Lüneburg entstanden. Das benötigte Holz wurde nicht über den Land-, sondern über den einfacheren Wasserweg nach Lüneburg gebracht. Lediglich die Salzfuhrleute, die die Heide durchquerten, können auf ihrem Rückweg eventuell kleinere Mengen Holz aus dem hiesigen Gebiet mitgenommen haben. Im übrigen gab es im Naturschutzgebiet Heideflächen schon lange bevor die Saline mit ihrer Produktion begann.

»Sanfter Tourismus«: Eine prägnante Kurzformel für das Bestreben, die negativen Auswirkungen des Tourismus auf Natur und Sozialgefüge in den touristisch geprägten Ortschaften zu vermindern, den Tourismus also umwelt- und sozialverträglicher zu gestalten. »Sanfter Tourismus« gründet sich auf den Gedanken, daß nur eine intakte Natur Grundlage eines langfristig erfolgreichen Tourismus ist. Entsprechend wird bei allen Intensivierungsmaßnahmen zunächst nach den Auswirkungen auf die Landschaft gefragt. Man geht davon aus, daß die Urlauber in Zukunft immer sensibler auf Umweltsünden reagieren und zerstörte Gegenden meiden werden. Dieses Buch möchte für einen

»Sanften Tourismus« werben. Die Autoren hoffen, dem Besucher die Schönheit dieser Landschaft zu erschließen, um ihn so für ein Engagement zum Erhalt dieses Gebietes zu gewinnen.

Wacholder: Der Charakterbaum der Heide, aber auch anderer extensiv betriebener Weideflächen, tritt in verschiedenen Varietäten auf: als säulenförmiger, bis 12 Meter hoher Baum, als kugeliger, zum Teil sogar niederliegender Strauch. Die Nadeln des Wacholders sind ein bis zwei Zentimeter lang. Der Wacholder ist zweihäusig; männliche und weibliche Blüten wachsen nicht auf demselben Baum. Die Beerenzapfen sind zuerst grün und werden im zweiten Jahr blau-schwarz. Erst dann sind sie reif und können als Gewürz oder auch zum Alkohol-Brennen genutzt werden. Vom wissenschaftlichen Namen dieses Baumes, Juniperus communis, leitet sich – wenn die erste Silbe englisch ausgesprochen wird – der Name des Wacholderschnapses ab: Gin oder Genever.

Literatur

Die Geologie des Gebietes

Kuhle, Manfred, 1985: Ein subtropisches Inlandeis als Eiszeitauslöser. In: Forschungsberichte Georgia Augusta 42, S. 35–51

Linde, Richard, ²1905, Die Lüneburger Heide, 153 Seiten, als Band XVIII von Land und Leute – Monographien zur Erdkunde, Bielefeld und Leipzig

Lüttig, Gerd, 1988: Neues zur Geologie um Wilseder Berg und Totengrund. In: Verh. naturwiss. Ver. Hamburg NF 30, S. 489–504

Otto, Hans-Jürgen, 1980: Die forstlichen Wuchsbedingungen der Lüneburger Heide. In: Allgemeine Forstzeitschrift, 35. Jg., S. 252–253

Spuren der Menschen aus vor- und frühgeschichtlicher Zeit

Brosius, Dieter, 1984: Geschichtlicher Überblick. In: Die Lüneburger Heide, Hannover

Jacob-Friesen, K.H., 1959: Einführung in Niedersachsens Urgeschichte, Hildesheim

Kersten, Karl, 1964: Urgeschichte des Naturschutzparkes Wilsede, Archäologische Landesaufnahme Bd. 1, Hildesheim

Kremser, Walter, 1990: Niedersächsische Forstgeschichte, Rotenburger Schriften Sonderband 32, Rotenburg/Wümme

Schirnig, Heinz (Hrsg), 1979: Großsteingräber in Niedersachsen, Hildesheim

Steffens, Heino-Gerd, 1980: Archäologische Denkmale und Funde im Landkreis Oldenburg, Hildesheim

Die Heidebauernwirtschaft

Abel, Wilhelm, 1967: Geschichte der deutschen Landwirtschaft vom frühen Mittelalter bis zum 19.Jahrhundert, 2. Aufl., Stuttgart

Bomann, Wilhelm, Reprint 1978: Bäuerliches Hauswesen und Tagewerk im alten Niedersachsen, Hildesheim

Ellenberg, Heinz, 1982: Vegetation Mitteleuropas mit den Alpen, 3. Aufl., Stuttgart

Gröll, Walter, 1979: Auf alten Heidewegen. Hamburg

Linde, Richard, 1924: Die Lüneburger Heide, Monographien zur Erdkunde, 7. Aufl., Bielefeld und Leipzig

Peters, Wilhelm, 1862: Die Heideflächen Norddeutschlands. Eine Preisschrift, Hannover

Roux, Paul, 1906: Der Bauer in der Lüneburger Heide. Übers. von Walter Gröll, 1991. Schriftenr. des Freilichtmuseums am Kiekeberg, Band 6.

Tüxen, Reinhold, 1967: Die Lüneburger Heide. Rotenburger Schriften Nr. 26, Rotenburg/Wümme

Völksen, Gerd, 1984: Landschaftsentwicklung der Lüneburger Heide. Entstehung und Wandel einer alten Kulturlandschaft. In: Die Lüneburger Heide, Hannover

Die Geschichte des Naturschutzes

Bode, Wilhelm, 1913: Das Heidemuseum zu Wilsede. In: Kosmos Jg. 1913, S. 255–258

Bode, Wilhelm, 1927 a: Der Naturschutzpark in der Lüneburger Heide. In: Benecke O. & T. (Hrsg.) – Lüneburger Heimatbuch 2, S.646–671,

2.Aufl., Bremen
Bode, Wilhelm, 1927 b: Die Heimatschutzbewegung. In: Benecke O. & T (Hrsg.) – Lüneburger Heimatbuch 2, S. 638–646, 2. Aufl., Bremen
Dageförde, Bernhard, 1969: Geschichte des Heidemuseums in Wilsede In: Naturschutz- und Naturparke, Heft 52/53, S. 45–52, Stuttgart
Floericke, Kurt, 1911: Entwicklung, Stand und Aussichten der Naturschutzbewegung. In: Naturschutzparke in Deutschland und Österreich, Stuttgart
Hanstein, Udo, 1985: Wald und Heide. In: Deutscher Rat für Landespflege, Heft 48, S. 775–777, Bonn
Linse, U., 1986: Ökophase und Anarchie. Die Geschichte der ökologischen Bewegung in Deutschland, München
Regensberger, F., 1910: Umschau über die Naturschutzparkbewegung. In: Kosmos Jg. 1910, S. 441–444
Widmann, W., 1956: Naturschutzpark Lüneburger Heide, Stuttgart

Heide

Drachenfels, O. v., u.a., 1984: Naturschutzatlas Niedersachsen. In: Naturschutz und Landschaftspflege in Niedersachsen, Heft 13, Hannover
Ellenberg, Heinz, 1963: Vegetation Mitteleuropas mit den Alpen in ökologischer Sicht, Stuttgart
Stübinger, R., 1983: Heiden und Moore als Lebensraum seltener Schmetterlinge. In: Jahrbuch Naturw. Ver. Lüneburg, Bd. 36, Lüneburg
Tüxen, Reinhold, 1967: Die Lüneburger Heide. In: Rotenburger Schriften 26, S. 3–32, Rotenburg/Wümme
Willmanns, O., 1973: Ökologische Pflanzensoziologie, Heidelberg

Wald

Bode, Wilhelm, 1914: Der Naturschutzpark in der Lüneburger Heide. In: Lüneburger Heimatbuch, Band II: Volk und geistiges Leben O. & T. Benecke (Hrsg.), S. 849–866, Bremen
Borggreve, B., 1875: Haide und Wald, 77 Seiten, Berlin
Centrale Marketinggesellschaft der deutschen Agrarwirtschaft, ³1987: Einheimische Nutzhölzer, Loseblattsammlung, 21*6 Seiten, Bonn
Deutscher Rat für Landespflege, 1985: Zur weiteren Entwicklung von Heide und Wald im Naturschutzgebiet Lüneburger Heide. In: Schriftenreihe des Deutschen Rates für Landespflege, Heft 48
Griese, Fritz, 1988: Kiefernwald und Heide. In: Naturschutz- und Naturparke, Heft 129, S. 26–31
Hanstein, Udo und Knut Sturm, 1986: Waldbiotopkartierung im Forstamt Sellhorn. In: Aus dem Walde 40
Linde, Richard, ²1905, Die Lüneburger Heide, Monographien zur Erdkunde, Bielefeld und Leipzig
Peters, Wilhelm, 1862: Die Heidflächen Norddeutschlands, 150 Seiten, Hannover
Ulrich, Bernhard, 1980: Ökologische Geschichte der Heide. In: Allgemeine Forstzeitschrift, S. 251 f

Moore

Broocks, Carsten, 1986: Das Pietzmoor. In: Naturschutz und Naturparke, Heft 123, S. 7–11, Stuttgart
Fachbehörde für Naturschutz, 1982: Hochmoore in Niedersachsen. Merkblatt 12, Hannover
Tüxen, Jes, 1984: Hochmoore in der Heide. In: Naturschutz und Naturparke, Heft 113, S. 35–40, Stuttgart
Wilmanns, O., 1978: Ökologische Pflanzensoziologie. Heidelberg

Quellen, Bäche und Flüsse

Arnold, N. u. Burton, J., 1984: Pareys Reptilien- und Amphibienführer Europas, Hamburg u. Berlin
Vahle, H.-C., 1990: Armleuchteralgen in Niedersachsen und Bremen. In: Fachbehörde f. Naturschutz; Informationsdienst Naturschutz 5, Hannover

Dörfer, Weiler und Einzelhöfe

Freudenthal, August, 1892–1906: Heidefahrten Bd. I–IV, Reprint 1983, Rotenburg
Lang, Regina, 1990: Undeloh in acht Jahrhunderten, Hamburg
Marquart, Wilhelm, 1962: Wissenswertes aus dem Naturschutzgebiet Lüneburger Heide, Stuttgart
Reins, Erich, 1967: Das Undeloher Dorfbuch, Hamburg
Reins, Erich, 1970: Die Weiler und Einzelhöfe im Naturschutzpark Lüneburger Heide, Hamburg
Richter, Ottilie, 1989: Hof Witthöft Wilsede, Wilsede
Schulz, Heinrich, 1967: Chronik von Wilsede, Stuttgart und Hamburg
Schulz, H. u. I. Duckstein, 1959: Wilsede im Wandel der Zeiten. In: Naturschutz und Naturparke, Heft 15, Stuttgart

Militärische Nutzung

Georgi, B., A. Krasenbrink und M. Below, 1990: Die Belastung der Lüneburger Heide durch manöverbedingten Staubeintrag. In: NNA-Mitteilungen, Heft 3, S. 35–44
Ipsen, Hans Peter, 1975: Panzer im Naturschutzpark, Baden-Baden
Thormeyer, Arndt-Diether, 1982: Atempause für die Heide. In: Naturschutz- und Naturparke, Heft 105, S. 13–17

Grundwasserentnahme

Buchwald, Konrad, 1983: Der Fall Nordheide. In: Naturschutz- und Naturparke, Heft 111, S. 1–15
Deutscher Rat für Landespflege, 1985: Zur weiteren Entwicklung von Heide und Wald im Naturschutzgebiet Lüneburger Heide. In: Schriftenreihe des Deutschen Rates für Landespflege, Heft 48, S. 745–774
Gaia – Der Öko-Atlas unserer Erde, Norman Myers (Hrsg.) 1985, 272 S., Frankfurt/M.

Atmosphärische Stoffeinträge

Benecke, P., S. Linkersdörfer und J. Tönnießen, 1986: Auswirkungen der Waldschäden auf den Wasserhaushalt. Schriftenreihe der Landesanstalt für Umweltschutz Baden-Württemberg, Inst. f. Wasser- und Abfallwirtschaft
Matzner, Egbert u.a. 1985: Zur Beteiligung des Bodens am Waldsterben. In: Forst und Holzwirt 11, S. 303–309
Steinberg, C. und B. Lenhardt, 1985: Wenn Gewässer sauer werden, 127 S., München

Massentourismus

Floericke, Kurt, 1911: Entwicklung, Stand und Aussichten der Naturschutzparkbewegung. In: Naturschutzparke in Deutschland und Österreich, Stuttgart
Heller, André, 1990: »Der Einfall touristischer Horden führt zur Ausrottung des Schönen …«. In: Ludwig, K.: Der neue Tourismus, München
Remmert, H., 1989: Naturschutz, Berlin/Heidelberg/New York
Rudorff, Ernst, 1880: Über das Verhältnis des modernen Lebens zur Natur. In: Preußische Jahrbücher, 45. Jg.

Register

Impressum
Text und Bildlegenden:
Manfred Lütkepohl, Bispingen
Jens Tönnießen, Bispingen

Die fachlichen Inhalte dieses Buches wurden von beiden Autoren gemeinsam abgestimmt.
Manfred Lütkepohl verfaßte die Kapitel über Vor- und Frühgeschichte, Heidebauernwirtschaft, Naturschutzgeschichte, Heide, Moore, Bäche, Landwirtschaft, Dörfer, Naturschutzbedeutung, Massentourismus und die Radwanderwege.
Jens Tönnießen schrieb die Einführung, die Kapitel Geologie, Persönlichkeiten, Wald, Militär, Grundwasser, Stoffeinträge, Ausstellungen/Informationen, Wandervorschläge, Zahlen und Fakten sowie die Begriffserklärungen.

Alle Angaben sind mit Sorgfalt zusammengestellt, jedoch ohne jegliche Gewähr.

Bildnachweis
Abbildungen:
Archiv Verein Naturschutzpark Niederhaverbeck: S. 19, 29, 63, 114/115, 221, 225
Caroline Dröge, Lüneburg/Martin Flade, Berlin: S. 46, 47
Hubert Fenske, Ahlhorn: S. 134/135
Udo Hanstein, Sellhorn: S. 139
Annegret Kreher, Egestorf: S. 94, 182/183
Werner Kreher, Egestorf: S. 54/55
Manfred Lütkepohl, Bispingen: S. 50, 59, 62, 99
Rolf Müller, Winsen: S. 102
Gerhard Schierhorn, Hanstedt: S. 103
Heinz Teufel, Eckernförde: Titel, S. 26/27, 51, 126/127, 170/171, 186/187, 198/199, 214/215
Jens Tönnießen, Niederhaverbeck: S. 10, 22/23, 34/35, 58, 67, 71, 74/75, 78, 79, 95, 98, 110/111, 130, 131, 203, 210

Karten:
Jörg Thiel, Hannover
Umschlagkarte:
Ulrike Keikus, Lüneburg

Gestaltung: Hartmut Brückner, Bremen
Satz: Dunz-Wolff Kommunikation und Medien GmbH, Hamburg
Lithographie: Litho Service Bremen GmbH, Bremen
Papier: Studio Silk 115 g/qm chlorfrei
Gesamtherstellung: Rosendahls Bogtrykkeri Aktieselskab, Esbjerg/Dänemark

Die Deutsche Bibliothek –
CIP-Einheitsaufnahme
Lütkepohl, Manfred:
Naturschutzpark Lüneburger Heide / Manfred Lütkepohl ; Jens Tönniessen. - Hamburg : Ellert und Richter, 1992
(Ellert-&-Richter-Reise- und -Naturführer)
ISBN 3-89234-300-4
NE: Tönniessen, Jens: